# Método Definitivo para Monetizar en Amazon, YouTube, Instagram y TikTok.

¡MONETIZA EN 30 DÍAS Y VIVE GRACIAS AL PODER DE LAS PLATAFORMAS!

Copyright © 2025 **JAMES O. BLACKWHELL**

Todos los derechos reservados.

**ISBN:** 9798311172004

## DEDICATORIA

A los creadores, soñadores y emprendedores digitales que buscan más que un sueldo: **libertad**.
A quienes no temen desafiar las reglas del juego, reinventarse y construir un camino propio en el mundo digital.
A mi hija, que me recuerda cada día que la verdadera riqueza está en la creatividad, la pasión y el propósito.
Que este libro sea el impulso que necesitas para transformar tu vida. 🚀

# CONTENIDO

## Curso: Monetización y Ventas en Amazon, YouTube e Instagram

### Capítulo 1: Introducción a la Monetización y Estrategias de Venta
- Qué significa monetizar en Amazon, YouTube e Instagram
- Diferencias entre ingresos activos y pasivos
- Estrategias de venta gratuitas vs. pagas
- Casos de éxito y expectativas realistas

## Sección 1: Vender Libros Autopublicados en Amazon

### Capítulo 2: Publicación y Optimización de Libros en Amazon KDP
- Cómo autopublicar en Kindle Direct Publishing (KDP)
- Elección del nicho y validación de mercado
- Diseño de portada y maquetación profesional.
- Uso de palabras claves y categorías para mayor visibilidad

### Capítulo 3: Estrategias de Marketing y Ventas en Amazon
- Cómo generar tráfico hacia tu libro
- Publicidad en Amazon: cuándo y cómo usarla
- Promociones gratuitas y descuentos para aumentar la visibilidad.
- Estrategias de email marketing para autores

## Sección 2: Monetización de un Canal de YouTube en 30 Días

### Capítulo 4: Creación y Optimización de un Canal de YouTube
- Elección del nicho y creación de contenido estratégico.
- Optimización de títulos, descripciones y miniaturas
- Cómo hacer videos virales y retener audiencia

- Estrategias de SEO en YouTube

**Capítulo 5: Estrategias para Alcanzar los Requisitos de Monetización en 30 Días**
- Cómo llegar a 1.000 suscriptores y 4.000 horas de reproducción
- Estrategias de contenido y frecuencia de publicación.
- Uso de Shorts y tendencias para crecer rápido
- Promoción cruzada con otras redes sociales

**Capítulo 6: Diversificación de Ingresos en YouTube**
- Google AdSense y cómo maximizar ganancias
- Afiliación, patrocinios y venta de productos propios
- Uso de Membresías de YouTube y Super Chats
- Automatización para escalar ingresos

# Sección 3: Monetización de Instagram en 30 Días

**Capítulo 7: Creación y Optimización de una Cuenta Monetizable en Instagram**
- Elección de nicho rentable y estrategia de contenido
- Cómo crear un perfil optimizado para ventas
- Uso de hashtags y SEO en Instagram
- Estrategia de contenido viral y engagement

**Capítulo 8: Estrategias para Monetizar en 30 Días**
- Cómo generar ventas sin tener millas de seguidores
- Venta de productos propios y afiliados
- Uso de Instagram Shopping, Reels e Stories para vender
- Estrategias de colaboración e influencers

**Capítulo 9: Publicidad y Crecimiento Acelerado en Instagram**
- Cómo usar Facebook Ads para vender en Instagram
- Creación de anuncios efectivos y segmentación correcta.
- Estrategia de retargeting para aumentar conversiones
- Trucos para maximizar el ROI en publicidad

**Capítulo 10: Integración de Amazon, YouTube e Instagram para Maximizar Ingresos**
- Cómo hacer que las tres plataformas se alimenten entre sí
- Creación de embudos de ventas automatizados.
- Estrategia a largo plazo para ingresos escalables
- Herramientas y automatización para gestionar múltiples canales.

## AGRADECIMIENTOS

Este libro no sería posible sin todas las personas que, de una forma u otra, han sido parte de mi camino.
A mi hija, mi fuente infinita de inspiración y motivo principal para seguir creciendo y explorando nuevas posibilidades.
A mi familia y amigos, por su apoyo incondicional y por recordarme siempre la importancia de creer en uno mismo.
A todos los creadores, emprendedores y soñadores digitales que han compartido su conocimiento y experiencias, ayudándome a entender que la monetización en el mundo digital no es solo un sueño, sino una realidad alcanzable.
A ti, **lector**, porque con cada página que recorres estás dando un paso hacia tu crecimiento y libertad financiera. Tu éxito es la mejor recompensa por este trabajo.
Gracias por formar parte de este viaje. 🚀 ✨

# Capítulo 1: Introducción a la Monetización y Estrategias de Venta

Antes de entrar en los detalles específicos de cómo vender libros en Amazon, monetizar YouTube en 30 días y generar ingresos con Instagram, es fundamental comprender los principios básicos de la monetización y las estrategias de venta. En este capítulo, abordaremos:
1. **Qué significa monetizar en Amazon, YouTube e Instagram**
2. **Diferencias entre ingresos activos y pasivos**
3. **Estrategias de venta gratuitas vs. pagas**
4. **Casos de éxito y expectativas realistas**

**1. Qué significa monetizar en Amazon, YouTube e Instagram**
La monetización es el proceso de convertir en dinero el contenido, productos o servicios que ofrece en una plataforma digital. Cada una de las plataformas que abordaremos en este curso tiene su propio modelo de monetización:
- **Amazon KDP**: Te permite vender libros digitales (Kindle), físicos (impresión bajo demanda) y audiolibros. Genera ingresos cada vez que alguien compra tu libro.
- **YouTube**: Permite ganar dinero con publicidad en los videos, membresías, Super Chats, enlaces de afiliados y venta de productos o servicios.
- **Instagram**: Puedes monetizar a través de colaboraciones con marcas, venta de productos digitales o físicos, marketing de afiliados y suscripciones.

El objetivo de este curso es enseñarte a usar estas plataformas de manera eficiente para generar ingresos sostenibles y escalables.

**2. Diferencias entre ingresos activos y pasivos**
Al monetizar en línea, es clave entender la diferencia entre estos dos tipos de ingresos:
- **Ingresos activos**: Requieren tu tiempo y esfuerzo constantes. Ejemplo: Si ofreces consultorías en Instagram, solo ganas cuando trabajas con un cliente.
- **Ingresos pasivos**: Generan dinero incluso cuando no estás

trabajando activamente. Ejemplo: Un libro en Amazon sigue vendiéndose sin que tengas que estar pendiente de cada compra.

El enfoque de este curso es maximizar los **ingresos pasivos**, construyendo sistemas que sigan generando dinero en automático con el tiempo.

### 3. Estrategias de venta gratuitas vs. pagas

Existen dos formas principales de atraer clientes y generar ingresos en estas plataformas:

**Estrategias gratuitas (Orgánicas)**

Son aquellas que no requieren inversión en publicidad. Algunas estrategias clave incluyen:

- **Amazon:** Optimización de títulos, descripciones y palabras clave para posicionar tu libro en los primeros resultados.
- **YouTube:** Uso de tendencias, SEO en los títulos y descripciones, y creación de contenido viral.
- **Instagram:** Estrategias de crecimiento orgánico con contenido de valor, hashtags, colaboraciones e interacción constante con la audiencia.

**Estrategias pagas (Publicidad y Promoción)**

Involucran inversión en anuncios o herramientas para acelerar el crecimiento. Ejemplos:

- **Amazon Ads:** Publicidad para posicionar tu libro en las búsquedas.
- **Anuncios de YouTube:** Promociona tus videos o canal para alcanzar más personas rápidamente.
- **Anuncios de Instagram:** Anuncios segmentados para atraer seguidores o vender productos de inmediato.

El equilibrio entre estrategias orgánicas y pagas dependerá de tu presupuesto y objetivos.

### 4. Casos de éxito y expectativas realistas

Muchos emprendedores han logrado monetizar estas plataformas, pero es importante tener expectativas claras:

- **Amazon KDP:** Es posible generar ingresos pasivos con libros

bien posicionados, pero la clave está en el volumen y la promoción constante.
- **YouTube:** Monetizar en 30 días es posible con estrategias agresivas, pero el verdadero crecimiento se da con constancia y contenido de calidad.
- **Instagram:** No necesitas millas de seguidores para vender; lo importante es atraer una audiencia interesada en lo que ofrece.

Ejemplo de éxito:

- Un autor autopublicado que vendió más de 10,000 copias de su libro en un año usando solo marketing orgánico en redes sociales.
- Un creador de contenido que monetizó su canal de YouTube en menos de 30 días usando Shorts y estrategias de SEO.
- Un emprendedor que generó $10,000 en Instagram con menos de 5,000 seguidores vendiendo productos digitales.

**Conclusión:**

Este curso te enseñará estrategias probadas para alcanzar resultados rápidos y sostenibles en estas plataformas. En los siguientes capítulos, nos adentraremos en cada una en detalle, explicando tácticas específicas para maximizar tu éxito.

## Capítulo 2: Publicación y Optimización de Libros en Amazon KDP

En este capítulo aprenderás a **publicar y optimizar** tu libro en **Amazon Kindle Direct Publishing (KDP)** para maximizar su visibilidad y aumentar las ventas. Amazon es el mayor mercado de libros digitales y físicos del mundo, y conocer su funcionamiento es clave para el éxito de tu publicación.

📌 **Temas que veremos:**
1. Cómo autopublicar en Kindle Direct Publishing (KDP)
2. Elección del nicho y validación de mercado
3. Diseño de portada y maquetación profesional.
4. Uso de palabras claves y categorías para mayor visibilidad

# 1. Cómo publicar automáticamente en Kindle Direct Publishing (KDP)

Kindle Direct Publishing (KDP) es la plataforma de Amazon para autopublicar libros en formato **digital (Kindle)** y **físico (impresión bajo demanda)** sin necesidad de una editorial.

**Pasos para publicar tu libro en KDP:**

☑ **Paso 1: Crear una cuenta en KDP**
- Ve a https://kdp.amazon.com y regístrate con tu cuenta de Amazon.
- Completa tu perfil con información de pago (Amazon te pagará regalías directamente).

☑ **Paso 2: Subir un nuevo libro**
- En tu panel de control, haz clic en **"Crear un nuevo título"** .
- Elige entre **Kindle eBook** o **Pasta blanda** (impresión bajo demanda).

☑ **Paso 3: Completar los detalles del libro**
- **Título:** Debe ser atractivo y contener palabras clave.
- **Subtítulo:** Úsalo para añadir información relevante.
- **Autor:** Es tu nombre o seudónimo.
- **Descripción:** Un texto persuasivo que motivo la compra.
- **Derechos de publicación:** Marca la opción de que eres el dueño del contenido.

☑ **Paso 4: Subir el manuscrito y la portada**
- El manuscrito debe estar en **Word, EPUB o PDF** (Amazon lo convierte automáticamente).
- La portada puede subirse en formato JPEG o utilizar la herramienta gratuita de Amazon para diseñarla.

☑ **Paso 5: Elegir categorías y palabras clave**
- Amazon permite seleccionar hasta **dos categorías** y **siete**

**palabras clave** para mejorar la visibilidad (hablaremos más de esto en la sección 4).

☑ **Paso 6: Fijar precio y regalías**
- Puedes elegir entre regalías del **35% o 70%** según el precio y distribución del libro.
- Para Kindle Unlimited, Amazon paga por páginas leídas en vez de por venta.

☑ **Paso 7: Publicar**
- Una vez revisado todo, haz clic en **"Publicar"**.
- Amazon aprobará tu libro en **24-72 horas** y estará disponible para la venta.

## 2. Elección del Nicho y Validación de Mercado

Publicar un libro no garantiza ventas. Es clave elegir un **nicho rentable** y validar que hay demanda.

**¿Cómo elegir un nicho ganador?**

📌 **Paso 1: Investiga tendencias**
- Usa **Amazon Best Sellers** ( https ://www.amazon.com /bestsellers ) para ver los libros más vendidos.
- Observa categorías y temáticas populares.

📌 **Paso 2: Analiza la competencia**
- Busca libros en tu nicho y revisa cuántos tienen **buenas ventas (ranking menor a 100,000 en Amazon)**.
- Revisa las **reseñas** para detectar qué te gusta y qué no.

📌 **Paso 3: Evalúa el tamaño del mercado**
- Usa herramientas como **Publisher Rocket** o **AMZ Suggestion Expander** para ver el volumen de búsquedas de palabras clave relacionadas con tu nicho.

📌 **Paso 4: Define tu propuesta de valor**
- ¿Qué hace tu libro diferente? ¿Qué problema resuelve?
- Escribe un **título atractivo** que refleje claramente el beneficio.

📌 **Ejemplo de nicho rentable:** Un autor detecta que hay alta demanda de libros sobre **hábitos saludables**, pero pocos títulos específicos sobre **hábitos para mejorar la productividad en escritores**. Su libro **"El hábito del** escritor productivo" se posiciona en ese subnicho y vende consistentemente.

## 3. Diseño de Portada y Maquetación Profesional

### La portada: La clave para captar atención

📌 **Reglas básicas para una buena portada:**
- ✅ Debe ser llamativa y reflejar el contenido del libro.
- ✅ Usa tipografías legibles y profesionales.
- ✅ No sobrecargues con imágenes o textos.
- ✅ Sigue el formato de dimensiones de Amazon (1,600 x 2,560 píxeles para Kindle).

📌 **Herramientas para diseñar portadas:**
- **Canva** (gratis y fácil de usar).
- **Adobe Photoshop o Illustrator** (más avanzado).
- **Fiverr o 99Designs** (contratar diseñadores profesionales).

### Maquetación: Formato limpio y profesional

📌 **Formato recomendado para Kindle:**
- ✅ Usa **Word** o **Scrivener** para escribir y convertir en EPUB.
- ✅ Evita tablas o imágenes muy grandes, ya que Kindle adapta el texto automáticamente.
- ✅ Usa fuentes estándar como **Times New Roman o Garamond (12 pt.)**.
- ✅ Asegúrese de que haya **espacio suficiente** entre los párrafos.

📌 **Formato para libro impreso (Pasta blanda en Amazon KDP):**
- ✅ Usa **Plantillas de KDP** para márgenes correctos.
- ✅ Defina el tamaño de página adecuado (Ejemplo: **6x9 pulgadas** para libros estándar).
- ✅ Convierte un **PDF en alta calidad** antes de subirlo.

## 4. Uso de Palabras Claves y Categorías para Mayor Visibilidad

Amazon funciona como un **buscador**: si usas las palabras claves correctas, tu libro aparecerá en más búsquedas.

📌 **¿Dónde influyen las palabras clave?**
- En el **título y subtítulo**
- En la **descripción**
- En las **siete palabras clave** que eliges al publicar
- En las **categorías**

### Cómo elegir palabras claves efectivas

✅ Usa la barra de búsqueda de Amazon: Escribe una palabra y fíjate en las sugerencias automáticas (estas son búsquedas populares).
✅ Herramientas como **Publisher Rocket** te dan datos sobre volumen de búsqueda.
✅ Analiza los títulos de los bestsellers en tu nicho e identifica palabras claves recurrentes.

**Ejemplo de palabras clave:**
Si tu libro es sobre **"Minimalismo financiero",** posibles palabras clave serían:
- "Libros de finanzas personales"
- "Cómo ahorrar dinero"
- "Minimalismo y dinero"
- "Libros para organizar tus finanzas"

**Elegir las categorías correctas**

✅ Amazon te permite elegir **dos categorías**, pero puedes solicitar más manualmente.
✅ Busca **categorías poco saturadas** con menos de **1,000 libros** para tener más posibilidades de ranking.
✅ Herramienta útil: **BKLNK (https://www.bklnk.com/categories.php)** para ver todas las categorías disponibles.

**Conclusión**

Siguiendo estos pasos, tu libro estará optimizado para **aparecer en búsquedas y vender más**. En el próximo capítulo, veremos **cómo promocionar y generar ventas en Amazon** con estrategias gratuitas y pagas.

## Capítulo 3: Estrategias de Marketing y Ventas en Amazon

Publicar un libro en **Amazon KDP** es solo el primer paso. Para que tenga éxito, necesita una estrategia de **marketing y ventas** que genere tráfico, aumente la visibilidad y convierta visitantes en compradores.

📌 **En este capítulo aprenderás:**
1. Cómo generar tráfico hacia tu libro
2. Publicidad en Amazon: cuándo y cómo usarla
3. Promociones gratuitas y descuentos para aumentar la visibilidad.
4. Estrategias de email marketing para autores

### 1. Cómo Generar Tráfico Hacia tu Libro

La clave para vender más es llevar **personas interesadas** a la página de tu libro en Amazon. Existen estrategias **gratuitas y pagas** para lograrlo.

📌 **Estrategias GRATUITAS para generar tráfico**
✅ **Optimización en Amazon (SEO para libros)**
- Usa **palabras clave estratégicas** en el título, subtítulo y descripción.
- Aprovecha las **categorías de menor competencia** para destacar en los rankings.
- Pide a **lectores y amigos** que dejen reseñas (esto mejora la conversión).

✅ **Marketing de Contenidos y Redes Sociales**
- Crea **publicaciones y videos** sobre tu libro en **Instagram, YouTube y TikTok**.
- Comparte fragmentos del libro en **LinkedIn o Twitter** con llamados a la acción.
- Publica artículos relacionados con tu libro en **Medium, blogs o Reddit**.

✅ **Página de autor de Estrategia de Amazon**
- Amazon te permite crear un **perfil de autor** con biografía, enlaces a tus libros y actualizaciones.
- Configúrelo en **Author Central** y aproveche esta herramienta de forma gratuita.

✅ **Lanzamiento con influencers y grupos de lectura**
- Contacta a **booktubers y bookstagrammers** para que hablen de tu libro.
- Participa en **grupos de Facebook o foros** relacionados con tu temática.

📌 **Estrategias PAGAS para generar tráfico**

✅ **Anuncios en Amazon Ads** (lo veremos en la siguiente sección).
✅ **Publicidad en Facebook Ads e Instagram Ads** dirigida a lectores interesados.
✅ **Anuncios en Google Ads** con palabras clave relacionadas con tu libro.
✅ **Marketing de afiliados**: ofrece comisiones a influencers que recomiendan tu libro.

📌 **Ejemplo de éxito**:
Un autor de novelas de ciencia ficción invirtió **$50 en Facebook Ads** dirigidos a fanáticos de Isaac Asimov y logró **300 ventas en una semana**.

## 2. Publicidad en Amazon: Cuándo y Cómo Usarla

Amazon Ads es una de las mejores formas de **aumentar las ventas rápidamente**. Te permite pagar para que tu libro aparezca en los resultados de búsqueda y en las páginas de otros libros populares.

📌 **Tipos de anuncios en Amazon KDP:**
1. **Productos patrocinados** (Productos Patrocinados) → Tu libro aparece en los resultados de búsqueda y en páginas de libros similares.
2. **patrocinado Brands** (Solo para autores con más de un libro) → Permite promocionar **varios títulos al mismo tiempo**.
3. **Locksreen Ads (Solo para Kindle)** → Anuncios en la pantalla de bloqueo de dispositivos Kindle.

📌 **Cuándo usar publicidad en Amazon:**
✅ Durante el **lanzamiento** para aumentar visibilidad.
✅ Cuando tengas **reseñas positivas** (convierte mejor).
✅ Para **relanzar un libro** con poco tráfico.

📌 **Cómo crear una campaña en Amazon Ads (paso a paso):**
1 Vaya a **KDP Dashboard > Marketing > Amazon Ads**
2 Seleccione **"Productos patrocinados"**
3 Elija **palabras clave relevantes** (puedes usar la opción automática o manual).
4 Define un **presupuesto diario** (desde $2 en adelante).
5 Analiza resultados y optimiza la campaña **cada semana**.

📌 **Consejo PRO:**
Si tu libro está en una categoría **poco competitiva**, una inversión de **$3-5 por día** puede generar muchas ventas.

## 3. Promociones Gratuitas y Descuentos para Aumentar la Visibilidad

Amazon KDP ofrece herramientas para lanzar **promociones y descuentos** que te ayudarán a **atraer más lectores y mejorar tu ranking**.

📌 **Opciones de promoción en KDP Select:**
✅ **Promoción gratuita KDP Select** (5 días gratis cada 90 días)

- Permite ofrecer tu libro gratis por hasta **5 días cada 3 meses**.
- Ideal para atraer **reseñas y posicionamiento** en Amazon.
- Requiere que tu libro esté en **exclusiva con Amazon (KDP Select)**.

✅ **Ofertas Kindle Countdown** (Descuento por tiempo limitado)

- Te permite ofrecer tu libro con **descuento por un período específico** (por ejemplo, de $9.99 a $2.99 por 3 días).
- Amazon muestra una cuenta regresiva que incentiva la compra.

📌 **Cuándo hacer promociones:**

✅ **Lanzamiento**: Ofrecer tu libro gratis o con descuento ayuda a subir en el ranking.

✅ **Antes de una campaña de anuncios**: Si tu libro tiene reseñas positivas, la publicidad se convertirá en mejor.

✅ **Para revivir ventas de un libro antiguo.**

📌 **Ejemplo de éxito:**
Un autor de libros de negocios hizo una **promoción gratuita de 3 días**, obtuvo **2,000 descargas** y subió al **top 10 en su categoría**, lo que luego le generó **ventas orgánicas**.

📌 **Herramientas útiles para promocionar un libro gratis o en oferta:**

- **BookBub** ( https://www.bookbub.com ) – Promoción ofertas de libros a millas de suscriptores.
- **Freebooksy** ( https://www.freebooksy.com ) – Para libros gratuitos en promoción.
- **Bargain Booksy** – Para promocionar libros con descuento.

## 4. Estrategias de Email Marketing para Autores

El **email marketing** es una de las herramientas más poderosas para vender libros **sin depender de Amazon**.

📌 **¿Por qué es importante?**

- Te permite **crear una audiencia propia** de lectores fieles.
- Puedes **avisar de nuevos lanzamientos y promociones** sin pagar publicidad.
- Ayuda a **generar ventas recurrentes**.

📌 **Cómo construir una lista de correos electrónicos:**

☑ **Paso 1: Crea un "Lead Magnet" (Regalo Digital)**
- Ofrece algo gratis a cambio del correo electrónico del lector, por ejemplo:
    - **Un capitulo gratis de tu libro**
    - **Una guía en PDF relacionada con tu temática**
    - **Acceso exclusivo a contenido extra**

☑ **Paso 2: Usa una herramienta de email marketing**
- Plataformas recomendadas:
    - **Mailerlite** (gratis hasta 1.000 suscriptores).
    - **ConvertKit** (ideal para autores).
    - **SendFox** (económica y fácil de usar).

☑ **Paso 3: Automatiza los correos electrónicos**
- Configure una **secuencia de bienvenida** con:
    - Un correo electrónico de presentación.
    - Recomendaciones de lectura.
    - Un correo electrónico con una **oferta especial** para comprar el libro.

📌 **Ejemplo de éxito:**

Un autor de desarrollo personal construyó una lista de **5,000 suscriptores** regalando un ebook gratis. En su siguiente lanzamiento, vendió **800 copias en una semana** solo con correos electrónicos.

## Conclusión

📌 **Para vender más libros en Amazon debes:**

☑ Generar tráfico con estrategias gratuitas y pagas.
☑ Usar Amazon Ads para acelerar las ventas.
☑ Aprovechar promociones gratuitas y descuentos.
☑ Construir una lista de correos electrónicos para tener **control sobre tu audiencia.**

🚀 En el próximo capítulo veremos cómo integrar Amazon con YouTube e Instagram para vender aún más.

## Capítulo 4: Creación y Optimización de un Canal de YouTube

YouTube es una de las plataformas más poderosas para **generar ingresos y construir una audiencia**, pero para monetizar un canal en **30 días**, necesitas una estrategia sólida desde el inicio.

📌 **En este capítulo aprenderás:**
1. Elección del nicho y creación de contenido estratégico.
2. Optimización de títulos, descripciones y miniaturas.
3. Cómo hacer videos virales y retener audiencia.
4. Estrategias de SEO en YouTube.

### 1. Elección del Nicho y Creación de Contenido Estratégico

El **nicho** es el tema principal de tu canal. Elegir el correcto es clave para atraer una audiencia interesada y monetizar más rápido.

📌 **Cómo elegir un nicho rentable**

✅ **Debe tener demanda** → Usa YouTube Search y Google Trends para ver si la gente busca contenido en ese nicho.

✅ **Debe ser escalable** → Que puedas hacer al menos **50 videos sin quedarte sin ideas**.

✅ **Debe ser monetizable** → Algunos nichos anuncios tienen mejores pagados que otros.

📌 **Ejemplo de CPM (ingresos por cada 1,000 vistas en YouTube):**

| Nicho | CPM Promedio |
|---|---|
| Finanzas e inversiones | $15 - $40 |

| Nicho | CPM Promedio |
|---|---|
| Tecnología y gadgets | $5 - $15 |
| Salud y bienestar | 5-12 dólares |
| Educación y cursos | $8 - $20 |
| Entretenimiento | $1 - $4 |

👉 **Si quieres monetizar rápido, elige un nicho con CPM alto.**

📌 **Ejemplo de nicho rentable:**
Un creador de contenido comenzó un canal sobre **freelance y trabajar desde casa**. Gracias a un alto CPM, **logré monetizar en 25 días** con solo 10 videos.

📌 **Tipos de contenido estratégico para crecer rápido**
1 **Contenido viral:** Videos sobre tendencias, noticias o retos populares.
2 **Contenido evergreen:** Videos que son útiles por años (tutoriales, guías).
3 **Contenido de autoridad:** Entrevistas con expertos, análisis en profundidad.
4 **Contenido de comunidad:** Respondiendo preguntas de la audiencia, vlogs.

📌 **Ejemplo de estrategia:**
Un canal de finanzas personales combinas tutoriales **sobre inversiones (evergreen)** con **videos sobre noticias económicas (viral)** para atraer y retener audiencia.

## 2. Optimización de Títulos, Descripciones y Miniaturas

La **optimización** es clave para que más personas hagan clic en tus videos.

📌 **Cómo escribir títulos irresistibles**
✅ Usa palabras clave importantes al inicio.
✅ Genera curiosidad o emoción.
✅ Evita títulos genéricos, sé específicos.
✅ Usa números o datos cuando sea posible.

📌 **Ejemplo de títulos optimizados:**
❌ **"Cómo ahorrar dinero"** (Genérico)
✅ **"5 Trucos para Ahorrar $500 al Mes (Método Simple)"** (Específico y llamativo)

📌 **Cómo escribir descripciones efectivas**
✅ **Las primeras dos líneas son clave** → Incluye palabras clave y una razón para ver el video.
✅ Agrega enlaces a redes sociales, cursos o productos de afiliados.
✅ Usa marcas de tiempo para mejorar la experiencia del usuario.

📌 **Ejemplo de descripción optimizado:**
♦ **¿Quieres aprender a invertir desde cero?** En este video te explico 3 estrategias fáciles para empezar HOY.

⏳ **Marcas de tiempo:**
00:00 Introducción
01:20 Estrategia 1
03:45 Estrategia 2
07:10 Estrategia 3

📢 📌 Descarga mi guía gratis sobre inversiones aquí: [contacto@gladiatorculturae.com]

📌 **Cómo diseñar miniaturas atractivas**
La miniatura es la **primera impresión** de tu vídeo.
✅ **Usa colores llamativos y contrastantes.**
✅ **Texto grande y fácil de leer.**
✅ **Expresión facial llamativa o imagen que genera curiosidad.**
✅ **Evita el exceso de texto (máximo 3-4 palabras).**

📌
**Ejemplo de miniatura efectiva:**
❌ **Miniatura aburrida:**
- Fondo gris.
- Texto pequeño y difícil de leer.
- Imagen sin emociones.

✅ **Miniatura atractiva:**

- Fondo de color vibrante.
- Texto grande y claro.
- Persona con expresión sorprendente o entusiasta.

📌 **Herramientas para crear miniaturas:**
- 🎨 **Canva** (Gratis y fácil de usar).
- 🎨 **Photoshop** (Más profesional).
- 🎨 **Remove.bg** (Para eliminar fondos de imágenes).

## 3. Cómo Hacer Videos Virales y Retener Audiencia

Para que YouTube recomiende tus videos, debes **mantener a la gente viéndolos**.

📌 **¿Cómo lograrlo?**

✅ **Usa la regla de los primeros 10 segundos:**
- Empieza con una historia o pregunta intrigante.
- No hagas introducciones largas.

✅ **Mantén el ritmo dinámico:**
- Usa cortes rápidos y evita pausas largas.
- Agrega textos y gráficos para hacer el video más entretenido.

✅ **Usa el patrón de "Looping":**
- Di algo en el inicio del video que se responderá al final.
- Ejemplo: "Quédate hasta el final porque revelaré el error que arruinó mi negocio".

✅ **Termina con una llamada a la acción clara:**
- Pide que se suscriban.
- Recomienda otro video tuyo (esto aumenta el tiempo de visualización).

📌 **Ejemplo de video viral:**
Un youtuber de tecnología hizo un video titulado **"Este celular barato es mejor que un iPhone"**.
- Usé un título provocador.
- Miniatura con contraste fuerte y cara de sorpresa.
- Ritmo dinámico con edición atractiva.

  👉 Resultado: **1 millón de vistas en 2 semanas**.

## 4. Estrategias de SEO en YouTube

El **SEO (Search Engine Optimization)** en YouTube te ayuda a aparecer en los primeros resultados de búsqueda.

📌 **Factores clave del SEO en YouTube:**
✅ **Palabras clave en el título y descripción**
✅ **Etiquetas relacionadas**
✅ **Subtítulos y transcripciones**
✅ **Tiempo de retención alto**

📌 **Herramientas para investigar palabras clave:**
🔍 **VidIQ** (Extensión gratuita para Chrome).
🔍 **TubeBuddy** (Muestra palabras clave y competencia).
🔍 **Google Trends** (Para encontrar tendencias).

📌 **Ejemplo de optimización SEO:**
Un canal de fitness sube un vídeo titulado **"Cómo perder grasa abdominal rápido"**.
✅ Usa **palabras clave** en el título y descripción.
✅ Agrega **etiquetas** como #fitness #perderpeso.
✅ Usa **subtítulos automáticos** para mejorar el alcance.
👉 Resultado: Aparece en los primeros resultados y consigue más visitas.

### Conclusión

Para monetizar tu canal de YouTube en **30 días**, debes enfocarte en:
✅ **Elegir un nicho rentable** con demanda.
✅ **Optimizar títulos, descripciones y miniaturas** para atraer clics.
✅ **Crear contenido viral y retener audiencia** con una edición dinámica.
✅ **Aplicar estrategias de SEO** para aparecer en más búsquedas.
🚀 En el próximo capítulo veremos cómo conseguir 1,000

suscriptores y 4,000 horas de visualización rápidamente.

# Capítulo 5: Estrategias para Alcanzar los Requisitos de Monetización en 30 Días

Para monetizar un canal de YouTube, necesitas cumplir dos requisitos:
- ✅ **1,000 suscriptores**
- ✅ **4,000 horas de reproducción en los últimos 12 meses**

O bien, si usas **YouTube Shorts**, puedes monetizar con:
- ✅ **1,000 suscriptores**
- ✅ **10 millones de vistas en Shorts en 90 días**

📌 **En este capítulo aprenderás:**
1. Cómo llegar a 1.000 suscriptores y 4.000 horas de reproducción rápidamente.
2. Estrategias de contenido y frecuencia de publicación.
3. Uso de Shorts y tendencias para crecer rápido.
4. Promoción cruzada con otras redes sociales.

## 1. Cómo llegar a 1.000 suscriptores y 4.000 horas de reproducción rápidamente

La clave para monetizar en **30 días** es atraer **la mayor cantidad de vistas en el menor tiempo posible**.

📌 **Fórmula para el éxito rápido en YouTube:**

📌 **Más videos x Mayor duración de vista x Más retención = Más horas de reproducción y suscriptores**

📌 **Cómo conseguir suscriptores rápido:**

✅ **Usa llamadas a la acción claras:** Al final de cada video, di "Suscríbete si quieres más contenido como este".

✅ **Publica contenido útil y entretenido:** Si un video ayuda o emociona a la gente, es más probable que se suscriban.

✅ **Responde todos los comentarios:** Genera comunidad y fideliza a la audiencia.

☑ **Fija un comentario con un llamado a la acción:** Ejemplo: *"¿Te gustó el video? Suscríbete y dime qué tema quieres en el próximo video"*.

☑ **Pide a amigos y familiares que se suscriban y compartan el canal.**

### 📌 Cómo conseguir 4.000 horas de reproducción rápida:

☑ **Haz vídeos más largos (mínimo 8-12 minutos).**
☑ **Usa playlists (listas de reproducción)** → Agrupa videos similares para que la gente los vea seguidores.
☑ **Haz directos (livestreams)** → Un directo de 1 hora con 50 personas viéndolo = 50 horas de reproducción en 1 día.
☑ **Optimiza los títulos y miniaturas** para que más personas hagan clic y vean el vídeo completo.

### 📌 Ejemplo de crecimiento rápido:

Un canal de tecnología publicó **10 videos de 12 minutos cada uno en 1 mes**.
- Usaron títulos llamativos y miniaturas atractivas.
- Hicieron **2 directos** con 100 personas viendo.
- Resultado: **1.200 suscriptores y 5.000 horas de reproducción en 30 días.**

## 2. Estrategias de Contenido y Frecuencia de Publicación

### 📌 ¿Cuántos vídeos publicar?

☑ **Mínimo: 3 vídeos por semana** (12 vídeos en 30 días).
☑ **Ideal: 1 vídeo diario** (30 vídeos en 30 días).
☑ **Complementa con Shorts** (1-3 Shorts al día).

### 📌 Cómo estructurar tu contenido:

👉 **Semana 1-2:** Contenido viral y de tendencias para atraer tráfico.
👉 **Semana 3-4:** Videos más largos con información de valor para

aumentar horas de reproducción.

👉 **Siempre:** Responde comentarios y mantén interacción con tu audiencia.

📌 **Ejemplo de calendario de publicación:**

| Semana | Lunes | Miércoles | Viernes | Extra |
|---|---|---|---|---|
| 1 | Vídeo viral | Tutorial | Reseña del producto | 2 pantalones cortos |
| 2 | Tema de tendencia | Entrevista | Análisis profundo | 3 pantalones cortos |
| 3 | Historia personal | Caso de éxito | Preguntas y respuestas | 2 pantalones cortos |
| 4 | Los 10 mejores trucos | Debate | Vídeo especial | 3 pantalones cortos |

📌 **Ejemplo de un canal que monetizó en 30 días:**
Un creador en el nicho de **negocios online** subió **1 video diario + 2 Shorts al día**.

👉 Resultado: **1,000 suscriptores y 4,500 horas de reproducción en 26 días**.

### 3. Uso de Shorts y Tendencias para Crecer Rápido
Los **YouTube Shorts** son una de las formas más rápidas de crecer.
📌 **Ventajas de los Shorts:**
✅ Se viralizan fácilmente.
✅ No requiere mucha producción.
✅ Pueden traer millas de suscriptores en poco tiempo.
✅ Se pueden convertir en videos largos después.

📌 **Cómo hacer Shorts efectivos:**
✅ **Usa tendencias** → Busca temas populares en TikTok y YouTube.

- ✅ Capta la atención en los primeros 3 segundos.
- ✅ Usa subtítulos originales y edición rápida.
- ✅ Termina con un llamado a la acción (suscribirse o ver otro video).

📌 **Ejemplo de Shorts virales:**
Un canal de emprendimiento subió **3 Shorts diarios con tips rápidos** sobre dinero.

👉 Resultado: **20.000 suscriptores en 2 meses y monetización en 25 días.**

📌 **Herramientas para encontrar tendencias:**
🔑 Google Trends
🔑 YouTube Trending
🔑 TikTok Trending Topics

## 4. Promoción Cruzada con Otras Redes Sociales

Si ya tienes audiencia en otras plataformas, puedes llevar tráfico a YouTube.

📌 **Cómo hacerlo en cada red social:**

✅ Instagram:
- Comparte fragmentos de tus vídeos en Reels y Stories.
- Usa un **enlace en la biografía** con acceso a tu canal.
- Pide a tu audiencia que **se suscriba en YouTube**.

✅ TikTok:
- Publica versiones cortas de tus videos.
- Responde comentarios con videos y menciona tu canal.
- Coloca **"Mira el video completo en YouTube"** en la descripción.

✅ Facebook:
- Comparte tus videos en **grupos relacionados con tu nicho**.
- Publica encuestas o preguntas para generar interacción.
- Usa **Facebook Ads** para promocionar un vídeo clave.

✅ Telegrama /WhatsApp:
- Crea un grupo exclusivo donde compartes tus nuevos videos.
- Pide a tus contactos que te ayuden a compartir.

📌 **Ejemplo de promoción cruzada exitosa:**
Un canal de fitness publicado en **Instagram, TikTok y Facebook**

fragmentos de sus videos con un CTA claro:

👉 **"Mira el video completo en YouTube"**

🚀 Resultado: **2,000 suscriptores en 30 días.**

## Conclusión

🎯 **Para monetizar YouTube en 30 días necesitas:**
✅ Publicar **contenido estratégico** y con frecuencia.
✅ Usar **Shorts y tendencias** para atraer audiencia.
✅ Aplicar **SEO y optimización** en títulos, descripciones y miniaturas.
✅ Hacer **promoción cruzada** en redes sociales para aumentar suscriptores.

🚀 En el próximo capítulo aprenderemos a ganar dinero con YouTube más allá de los anuncios.

# Capítulo 6: Diversificación de Ingresos en YouTube

Monetizar con los anuncios de YouTube (Google AdSense) es solo el primer paso. Si quieres **maximizar tus ingresos**, debes diversificar tus fuentes de ganancias.

🎯 **En este capítulo aprenderás:**
1. Cómo funciona **Google AdSense** y cómo maximizar ganancias.
2. Cómo ganar dinero con **afiliación, patrocinios y venta de productos propios**.
3. Cómo usar **Membresías de YouTube y Super Chats** para ingresos recurrentes.
4. Cómo **automatizar tu canal** para escalar ingresos sin esfuerzo extra.

## 1. Google AdSense y cómo maximizar ganancias

📌 **¿Cómo funciona Google AdSense en YouTube?**
- ✅ YouTube muestra anuncios en tus vídeos.
- ✅ Te pagan por **cada 1,000 vistas monetizadas (CPM)**.
- ✅ Solo puedes ganar dinero si tu canal está **monetizado** (1,000 suscriptores + 4,000 horas de reproducción).

📌 **Ejemplo de CPM en diferentes nichos:**

| Nicho | CPM Promedio |
| --- | --- |
| Finanzas e inversiones | $15 - $40 |
| Tecnología y gadgets | $5 - $15 |
| Salud y bienestar | 5-12 dólares |
| Educación y cursos | $8 - $20 |
| Entretenimiento | $1 - $4 |

👉 Cuanto más alto el CPM, más ganas por cada 1,000 vistas.

📌 **Cómo aumentar tus ganancias con AdSense**
- ✅ **Crea contenido en nichos con CPM alto** (negocios, finanzas, tecnología, educación).
- ✅ **Haz vídeos más largos (mínimo 8-12 minutos)** → YouTube permite más anuncios.
- ✅ **Usa más anuncios mid-roll** en videos largos.
- ✅ **Evita contenido polémico** → YouTube puede restringir anuncios.

📌 **Ejemplo de estrategia efectiva:**
Un canal de educación financiera comenzó a hacer videos de **15 minutos** en lugar de 7.

👉 Resultado: **Duplicó sus ingresos sin aumentar vistas.**

## 2. Afiliación, Patrocinios y Venta de Productos Propios

Google AdSense **no es suficiente** si quieres vivir de YouTube. **Aquí es donde entran las estrategias más rentables.**

📌 **Marketing de Afiliados**

☑ **Promociona productos de terceros** y gana comisión por cada venta.
☑ **No necesitas crear productos, solo recomienda los mejores.**

📌 **Ejemplo de plataformas de afiliados:**

♦ **Amazon Afiliados** → Comisiones para recomendar productos físicos.
♦ **Hotmart / ClickBank** → Cursos y productos digitales.
♦ **CJ Affiliate / Impact** → Programas de marcas grandes (Nike, Apple, etc.).

📌 **Ejemplo de estrategia:**
Un canal de tecnología recomienda **laptops y accesorios** con enlaces de Amazon.

☞ Resultado: **$2,000 al mes solo en comisiones de afiliados.**

📌 **Conseguir Patrocinios**

☑ **Las marcas te pagan para que hables de sus productos.**
☑ Cuantos más suscriptores y vistas tengas, mayores serán los pagos.

📌 **Ejemplo de tarifas de patrocinios:**

| Tamaño del canal | Pago Promedio por Video |
|---|---|
| 10.000 suscriptores | $100 - $500 |
| 50.000 suscriptores | $500 - $2,000 |
| 100.000 suscriptores | $2,000 - $10,000 |
| Más de 500.000 suscriptores | $10,000 - $50,000 |

📌 **Cómo conseguir patrocinadores:**
☑ **Contacta marcas de tu nicho.**
☑ **Usa plataformas como BrandConnect y Upfluence.**
☑ **Muestra estadísticas de tu audiencia y ejemplos de contenido patrocinado.**

📌 **Ejemplo de éxito:**
Un creador con 50,000 suscriptores obtuvo **$1,500 por un solo video patrocinado** de una aplicación de inversión.

📌 **Venta de Productos Propios**
✅ **El mejor negocio es vender tu propio producto.**
✅ Puede ser un **curso, libro, consultoría o merchandising.**

📌 **Ejemplo de productos digitales:**
🎓 Cursos en **Hotmart, Teachable o Gumroad.**
📚 Libros autopublicados en **Amazon KDP.**
📖 PDF o guías descargables.

📌 **Ejemplo de productos físicos:**
👕 Ropa o mercadería personalizada.
🎧 Accesorios exclusivos.

📌 **Ejemplo de estrategia:**
Un youtuber de fitness lanzó un **eBook de entrenamiento** por $19.99.

👉 Resultado: **1,000 ventas en 6 meses = $20,000 extra.**

## 3. Uso de Membresías de YouTube y Super Chats

📌 **Membresías de YouTube**
✅ Permiten a tus seguidores pagar una **cuota mensual** para acceder a contenido exclusivo.
✅ YouTube se queda con el **30%** de lo que genera.
✅ Puedes ofrecer **beneficios VIP** como contenido privado, directos exclusivos, insignias.

📌 **Ejemplo de niveles de membresía:**

| Nivel | Precio | Beneficio |
|---|---|---|
| 🔵 Básico | $2,99/mes | Insignias y emojis exclusivos |
| 🔴 Premium | $9,99/mes | Directos privados y contenidos exclusivos |

| Nivel | Precio | Beneficio |
|---|---|---|
| ● VIP | $24,99/mes | Acceso a grupo privado y consultoría mensual |

📌 **Ejemplo de éxito:**
Un canal de educación creó **una membresía de $5 al mes** y atrajo **500 miembros en 3 meses**.

👉 Resultado: **$2,500 al mes en ingresos recurrentes.**

📌 **Súper Chats y Súper Gracias**
✅ Durante los directos, los seguidores pueden **donarte dinero en tiempo real.**
✅ Los **Super Thanks** permiten donaciones en videos normales.
📌 **Ejemplo de ingresos con Super Chats:** Un streamer de videojuegos gana **$200 por directo** gracias a donaciones de su comunidad.

## 4. Automatización para Escalar Ingresos

Para hacer crecer tu canal **sin trabajar 24/7**, necesitas **automatizar procesos**.

📌 Herramientas **de automatización:**
✅ **TubeBuddy y VidIQ** → Para encontrar palabras clave y programar vídeos.
✅ **Descript** → Para transcribir y editar videos automáticamente.
✅ **Zapier** → Para compartir automáticamente tus videos en redes sociales.

📌 **Ejemplo de estrategia automatizada:**
Un creador sube **5 videos en un solo día y los programas para toda la semana.**

👉 Resultado: **Menos trabajo y más tiempo para otros proyectos.**

## Conclusión

Para ganar **más dinero en YouTube**, no dependes solo de AdSense. Usa estrategias **inteligentes y diversificadas** para multiplicar tus ingresos.

☑ **Maximiza AdSense** creando vídeos largos y en nichos de alto CPM.
☑ **Usa marketing de afiliados** recomendando productos.
☑ **Patrocinadores Consigue** que paguen por menciones en tus vídeos.
☑ **Vende productos propios** como cursos, libros o merchandising.
☑ **Activa membresías y Super Chats** para ingresos recurrentes.
☑ **Automatiza tu canal** para crecer sin esfuerzo extra.

🚀 En el próximo capítulo aprenderemos cómo monetizar Instagram en 30 días con estrategias gratuitas y pagas.

# Capítulo 7: Creación y Optimización de una Cuenta Monetizable en Instagram

Instagram no es solo una red social; es una **máquina de hacer dinero** si la usas bien. Para monetizar en 30 días, necesitas una cuenta optimizada, contenido estratégico y un nicho rentable.

📌 **En este capítulo aprenderás:**
1. Cómo elegir un **nicho rentable** y crear una estrategia de contenido.
2. Cómo tener un **perfil optimizado para ventas y crecimiento rápido**.
3. Cómo usar **hashtags y SEO en Instagram** para atraer más

seguidores.
4. Cómo hacer que tu contenido se haga **viral y aumente el engagement**.

## 1. Elección de Nicho Rentable y Estrategia de Contenido

📌 ¿Por qué es importante elegir un nicho rentable?

✅ Un nicho claro te ayuda a atraer seguidores **interesados en tu contenido**.

✅ Facilitar la monetización con **productos, afiliaciones y colaboraciones**.

✅ **Instagram favorece cuentas especializadas** en su algoritmo.

📌 Ejemplo de nichos rentables en Instagram:

| Nicho | Potencial de Monetización 💰 |
|---|---|
| Finanzas y negocios | ⭐⭐⭐⭐⭐ |
| Fitness y salud | ⭐⭐⭐⭐⭐ |
| Belleza y moda | ⭐⭐⭐⭐ |
| Marketing digital | ⭐⭐⭐⭐ |
| Emprendimiento | ⭐⭐⭐⭐ |
| Tecnología | ⭐⭐⭐ |
| Viajes | ⭐⭐⭐ |

📌 Cómo elegir tu nicho ideal:

✅ **Elige algo que te apasione y domina.**

✅ **Debes haber demandado en Instagram.**

✅ **Piensa en productos o servicios que puedas vender en el futuro.**

📌 Ejemplo de estrategia de contenido por nicho:

| Nicho | Ejemplo de contenido |
|---|---|
| Aptitud física | Rutinas rápidas, recetas saludables, mitos sobre dietas |
| Negocios | Tips de inversión, frases motivacionales, |

| Nicho | Ejemplo de contenido |
|---|---|
|  | casos de éxito |
| Moda | Outfits diarios, tendencias, comparaciones de ropa. |
| Marketing digital | Hacks para crecer en redes, estrategias de venta |

✅ **Publica mínimo 1 post al día + 3 historias + 1 reel** para crecer rápido.

## 2. Cómo Crear un Perfil Optimizado para Ventas y Crecimiento Rápido

📌 **¿Por qué es importante optimizar tu perfil?**
✅ Es la primera impresión que das a nuevos seguidores.
✅ Un perfil profesional transmite **autoridad y confianza**.
✅ Un perfil bien estructurado convierte **seguidores en clientes**.

📌 **Elementos de un perfil optimizado:**

### 1. Nombre y Usuario
✅ Usa un nombre **corto, claro y fácil de recordar**.
✅ Si usas tu nombre, agrega algo de tu nicho (Ejemplo: @PedroMarketing, @SofiaFitness).

### 2. Foto de perfil
✅ Si es marca personal, usa una foto **de alta calidad con buena iluminación**.
✅ Si es una marca, usa un **logo profesional y reconocible**.

### 3. Biografía (Bio)
Tu bio debe responder en **3 segundos**:
📌 ¿Quién **eres**?
📌 ¿Qué **ofreces**?
📌 ¿Por qué deberían seguirte?
📌 CTA (Llamado a la acción) con enlace a WhatsApp o Linktree.

📌 **Ejemplo de Bio optimizado:**

🎙️ "🚀 Ayudo a emprendedores a ganar dinero con Instagram 📈
🎯 Estrategias de marketing digital 📊
📩 DM para mentorías GRATIS 👇
🔗 [Tu enlace aquí]"

## 4. Enlace en Bio
☑️ Usa **Linktree, Beacons o Metricool** para incluir varios enlaces.
☑️ Incluye:
- Tu canal de YouTube
- Página de ventas
- Tu grupo de WhatsApp o Telegram

## 3. Uso de Hashtags y SEO en Instagram
📌 ¿Por qué usar hashtags y SEO?
☑️ Aumentan la **visibilidad de tus publicaciones**.
☑️ Ayudan a que **nuevas personas descubran tu cuenta**.
☑️ Mejora tu posicionamiento en la **búsqueda de Instagram**.

📌 Cómo elegir los mejores hashtags:
☑️ Usa una mezcla de hashtags populares y específicos de tu nicho.
☑️ **No utiliza más de 15 hashtags por publicación** para evitar el shadowban.
☑️ Incluye hashtags en la descripción, no en comentarios.

📌 **Ejemplo de estrategia de hashtags:**

| Tipo | Ejemplo de hashtag |
|---|---|
| Genérico | #Emprendedores, #Fitness, #Moda |
| Nicho específico | #MarketingEnInstagram, #RecetasFit, #Outfits2025 |
| De marca personal | #TuNombre o #TuNegocio |
| Ubicación | #BuenosAires, #Madrid, #MéxicoDF |

📌 Herramientas para **encontrar** hashtags:
- **Meta** Hashtags ( https://metahashtags.com )
- **Hashtagify** ( https://hashtagify.me )
- All **Hashtag** ( https://www.all-hashtag.com )

📌 **Ejemplo real:**
Un creador de contenido fitness comenzó a usar hashtags específicos como **#EntrenamientoEnCasa y #RecetasSaludables** en lugar de solo **#Fitness**.
👉 Resultado: **Aumentó su alcance en un 300% en 2 semanas.**

### 4. Estrategia de Contenido Viral y Engagement

📌 **¿Cómo hacer que tu contenido se haga viral?**
- Contenido público con alto valor o entretenimiento.
- Usa tendencias y audios virales en Reels.
- Incluye llamadas a la acción (CTA) en cada publicación.
- Crea publicaciones que generen interacción (encuestas, preguntas, desafíos).

📌 **Tipos de contenido que más funcionan:**
- **Carretes:** Son el formato con más alcance. Usa tendencias y audios virales.
- **Carruseles:** Ideales para contenido educativo o listas.
- **Historias:** Para conectar con tu audiencia con contenido más cercano.
- **Publicaciones con frases motivacionales:** Generan muchas interacciones.

📌 **Estructura de un Reel viral:**
- **Primeros 3 segundos impactantes** para captar la atención.
- **Texto en pantalla** con la idea principal.
- **Edición rápida y visualmente atractiva.**
- **Llamado a la acción al final** (Ejemplo: "Guárdalo para después").

📌 **Ejemplo de crecimiento viral:**
Un creador de contenido de emprendimiento publicó **1 reel diario**

con audios virales.
👉 Resultado: **Ganó 10,000 seguidores en 1 mes.**

### Conclusión

Para monetizar Instagram en 30 días necesitas una estrategia clara.
✅ **Elige un nicho rentable** que tenga demanda.
✅ **Optimiza tu perfil** para atraer seguidores y clientes.
✅ **Usa hashtags y SEO en Instagram** para aumentar tu visibilidad.
✅ **Crea contenido viral y fomenta el engagement** para crecer rápido.

🚀 En el próximo capítulo aprenderemos cómo ganar dinero en Instagram con estrategias gratuitas y pagas.

## Capítulo 8: Estrategias para Monetizar en 30 Días en Instagram

Instagram es una **máquina de hacer dinero** si aplicas las estrategias correctas. No necesitas millas de seguidores; lo que realmente importa es **saber vender**.

📌 **En este capítulo aprenderás:**
1. Cómo generar **ventas sin tener millas de seguidores**.
2. Cómo ganar dinero con **productos propios y afiliados**.
3. Cómo vender con **Instagram Shopping, Reels e Stories**.
4. Cómo usar **colaboraciones con influencers para multiplicar tus ingresos**.

### 1. Cómo Generar Ventas Sin Tener Miles de Seguidores

📌 Mito: "Necesito muchos seguidores para ganar dinero en Instagram".
✅ **Realidad:** Puedes generar ingresos con menos de 1,000

seguidores si los usas estratégicamente.

📌 **¿Cómo monetizar con pocos seguidores?**
✅ **Crea contenido de alto valor** → Te posiciona como experto y genera confianza.
✅ **Interactúa con tu audiencia** → Responde comentarios y mensajes para fidelizar.
✅ **Usa el "Embudo de Instagram"** → Convierte seguidores en clientes en 3 pasos:
1 **Atracción** → Publica contenido relevante en Reels y Stories.
2 **Conversión** → Usa DM (mensajes directos) para conectar con clientes.
3 **Venta** → Ofrece una solución con tu producto o servicio.

📌 **Ejemplo real:**
Un coach de finanzas con **800 seguidores** comenzó a ofrecer asesorías gratuitas en DM y luego vendió su curso por **$49**.

👉 Resultado: Ganó $3,000 en un mes **sin publicidad**.

## 2. Venta de Productos Propios y Afiliados

Tienes **dos formas principales** de ganar dinero en Instagram:
📌 **A) Venta de Productos Propios**
✅ **Productos digitales** → Ebooks, cursos, plantillas, webinars.
✅ **Productos físicos** → Ropa, accesorios, cosméticos, gadgets.
✅ **Servicios** → Consultorías, mentorías, clases en línea.

📌 **Ejemplo de producto digital:**
Un diseñador gráfico vende **paquetes de plantillas para redes sociales** por $20.

👉 Resultado: Con solo 100 ventas al mes, gana **$2,000 extra**.

📌 **Ejemplo de producto físico:**

Una influencer de moda lanzó su propia **línea de accesorios** y usó Instagram Shopping para vender directamente.
👉 Resultado: **400 ventas en el primer mes.**

### 📌 B) Venta de Productos Afiliados
Si no quieres crear un producto, **puedes vender productos de otras marcas y ganar comisión por cada venta.**

📌 **Plataformas de afiliados populares:**
- **Amazon Afiliados** → Comisiones por productos físicos.
- **Hotmart / ClickBank** → Comisiones de hasta el 50% en cursos digitales.
- **CJ Affiliate / Rakuten** → Comisiones en marcas reconocidas.

📌 **Ejemplo de estrategia de afiliación:**
Un influencer de fitness recomienda suplementos en su perfil con un enlace de afiliado.

👉 **Resultado:** Genera **$1,500 al mes en comisiones sin crear productos propios.**

## 3. Uso de Instagram Shopping, Reels e Stories para Vender

Instagram ha integrado herramientas poderosas para **convertir seguidores en compradores.**

📌 **A) Compras en Instagram: Tienda en tu Perfil**

📌 **¿Cómo activar Instagram Shopping?**
- ✅ Tener una cuenta comercial o de creador.
- ✅ Subir un catálogo de productos en Facebook Business Manager.
- ✅ Etiquetar productos en tus publicaciones e Historias.

📌 **Ejemplo de éxito:**
Una tienda de ropa deportiva comenzó a etiquetar productos en sus posts e Stories.

👉 **Resultado:** Aumentaron un **30% las ventas sin gastar en publicidad.**

📌 **B) Vender con Reels (Contenido Viral que Convierte)**
📌 **Estrategia efectiva en Reels:**
✅ **Usa audios virales** → Más alcance y visualizaciones.
✅ **Muestra el producto en acción** → Ejemplo: "Antes y después".
✅ **Llamado a la acción (CTA)** → "Comenta 'quiero' y te envío info".
📌 **Ejemplo de éxito:**
Una emprendedora publicó un Reel mostrando su crema antiarrugas con **un antes y después**.

👉 **Resultado: 100 pedidos en 3 días** sin pagar publicidad.

📌 **C) Vender con Stories (Mensajes Directos que Cierran Ventas)**
📌 **Cómo hacer Stories que venden:**
✅ **Testimonios de clientes** → Muestra personas felices con tu producto.
✅ **Encuestas y preguntas** → "¿Te gustaría aprender a ganar dinero online? Sí / No".
✅ **Oferta con urgencia** → "Solo 10 plazas disponibles hoy".

📌 **Ejemplo de éxito:**
Un influencer de marketing digital hizo una historia con una encuesta: "¿Te gustaría aprender a ganar dinero en Instagram? Sí / No".
👉 **Resultado:** 200 personas respondieron **"Sí"** y se convirtieron en 50 en clientes.

## 4. Estrategias de Colaboración e Influencers

📌 **¿Por qué colaborar con influencers?**
✅ Aumenta tu **visibilidad y credibilidad** rápidamente.
✅ Llegas a una **audiencia segmentada** sin gastar en anuncios.
✅ Generas más ventas al mostrar tu producto a personas interesadas.
📌 **Tipos de colaboraciones:**

| Tipo de Influencer | Seguidores | Precio aproximado |
|---|---|---|
| Nanoinfluencers | 1K - 10K | $20 - $100 |
| Microinfluencers | 10K - 100K | $100 - $1,000 |
| Macroinfluenciadores | 100.000 - 1.000.000 | $1,000 - $10,000 |

📌 **Estrategia de colaboración con micro-influencers:**
✅ Encuentra influencers en tu nicho con **10K - 50K seguidores**.
✅ Negocia un acuerdo de **comisión por venta** en lugar de pago fijo.
✅ Haz que recomienden tu producto en Stories y Reels.

📌 **Ejemplo de éxito:**
Una tienda de maquillaje colaboró con **10 influencers pequeños** en Instagram.
👉 **Resultado:** Vendieron **500 productos en una semana sin pagar publicidad**.

## Conclusión

Para monetizar en 30 días en Instagram, debes aplicar estrategias **inteligentes y efectivas**.

✅ **No necesitas millas de seguidores**, sino una audiencia comprometida.
✅ **Vende productos propios o de afiliados** para generar ingresos rápidos.
✅ **Aprovecha Instagram Shopping, Reels y Stories** para convertir seguidores en clientes.
✅ **Colabora con influencers** para llegar a más personas sin invertir en publicidad.

🚀 **En el próximo capítulo aprenderemos cómo usar estrategias** de anuncios pagados para acelerar las ventas en Instagram.

# Capítulo 9: Publicidad y Crecimiento Acelerado en Instagram

Instagram es una **máquina de ventas**, pero si quieres **acelerar tu crecimiento y multiplicar tus ingresos**, necesitas aprender a usar **Facebook Ads** de manera estratégica.

📌 **En este capítulo aprenderás:**
1. Cómo usar **Facebook Ads para vender en Instagram**.
2. Cómo crear **anuncios efectivos con la segmentación correcta**.
3. Cómo usar **estrategias de retargeting para aumentar conversiones**.
4. Trucos para **maximizar el ROI** y no perder dinero en publicidad.

## 1. Cómo usar Facebook Ads para vender en Instagram

📌 **¿Por qué usar Facebook Ads para Instagram?**
✅ Te permite **llegar a millas de personas en poco tiempo**.
✅ Puedes **segmentar** a tu público ideal (edad, intereses, ubicación).
✅ Puedes hacer **retargeting** para recuperar clientes que no compraron.
✅ **Instagram es la red social con mayor conversión en ventas** con anuncios bien optimizados.

📌 **¿Cuánto invertir en publicidad?**
No necesitas grandes presupuestos. Puedes **empezar con $5 o $10 diarios** y optimizar.

📌 **Tipos de anuncios que puedes hacer en Instagram:**

| Tipo de anuncio | ¿Para qué sirve? |
|---|---|
| Anuncios en el feed | Mostrar productos, contenido educativo, testimonios. |
| Anuncios en | Ofertas urgentes, promociones rápidas, |

| Tipo de anuncio | ¿Para qué sirve? |
|---|---|
| Stories | interacción. |
| Anuncios en Reels | Alto alcance, videos virales que generan tráfico. |
| Anuncios con DM | Conversión directa: "Envía un mensaje para más información". |

📌 **Ejemplo real:**
Una tienda de cosméticos invirtió $10/día en anuncios de Stories con un descuento exclusivo.
👉 **Resultado: Ganaron $1,000 en ventas en la primera semana.**

## 2. Creación de Anuncios Efectivos y Segmentación Correcta

📌 **Para que un anuncio funcione, debe cumplir 3 reglas:**
✅ Captar la atención en los primeros 3 segundos.
✅ Tener un mensaje claro y directo.
✅ Incluir un llamado a la acción (CTA) fuerte.

📌 **A) Cómo Crear un Anuncio Efectivo**
♦ **Formato ideal:** Vídeos cortos de 15 a 30 segundos o imágenes llamativas.
♦ **Mensaje claro:** No digas "Compra mi producto", di "Aprende a ganar dinero con Instagram en 30 días".
♦ **CTA poderoso:** "Compra ahora", "Reserva tu cupo", "Haz clic aquí".

📌 **Ejemplo de estructura para un anuncio en Reels:**
1 **Gancho inicial:** "¿Quieres ganar dinero con Instagram en 30 días?"
2 **Beneficio:** "Te enseño GRATIS cómo hacerlo".
3 **Prueba social:** "Más de 5,000 alumnos ya lo lograron".
4 **CTA:** "Haz clic en el enlace y únete ahora".

📌 **Herramientas para hacer anuncios llamativos:**
✅ **Canva** (Diseño fácil para anuncios visuales).
✅ **CapCut** (Edición de vídeos rápida y profesional).
✅ **Facebook Ads Manager** (Para programar y analizar campañas).

📌 **B) Segmentación Correcta: ¿Cómo Encontrar a tu Cliente Ideal?**
📌 **Estrategia 1: Público Frío** (Gente que aún no te conoce)
✅ **Edad y ubicación**: Define tu mercado objetivo (Ejemplo: 20-40 años, España y Latinoamérica).
✅ **Intereses**: Busca personas interesadas en temas de tu nicho.

📌 **Ejemplo de segmentación para un curso de Instagram Marketing:**
- Edad: 20-45 años
- Ubicación: España, México, Argentina, Colombia
- Intereses: "Emprendimiento, Marketing Digital, Negocios Online, Instagram"

📌 **Estrategia 2: Público Tibio** (Personas que ya interactuaron contigo)
✅ **Personas que vieron tu perfil o interactuaron con tus posts.**
✅ **Público que visitó tu sitio web en los últimos 30 días.**

📌 **Estrategia 3: Público Caliente** (Listos para comprar)
✅ **Personas que agregaron productos al carrito, pero no compraron.**
✅ **Personas que te enviaron un mensaje, pero no cerraron la venta.**

## 3. Estrategia de Retargeting para Aumentar Conversiones

📌 **¿Qué es el retargeting?**
Es una estrategia para **volver a mostrar anuncios a personas que ya te conocen**, pero aún no compraron.

📌 **Ejemplo de estrategia de retargeting:**
- **Día 1-3:** Anuncio para público frío (gente nueva).
- **Día 4-7:** Anuncio con testimonios para público tibio (los que interactuaron).
- **Día 8-14:** Anuncio con oferta exclusiva para público caliente (los que casi compraron).

📌 **Ejemplo de Anuncio de Retargeting:**
💬 "¿Aún quieres aprender a ganar dinero con Instagram?"
🎯 "Quedan solo 5 plazas para el curso con 50% de descuento. ¡Última oportunidad!"

📌 **Resultados esperados con retargeting:**
✅ Reduce costos de publicidad hasta un 70%.
✅ Aumentas conversiones entre un 30% y 50%.
✅ Vendes más sin buscar nuevos clientes.

## 4. Trucos para Maximizar el ROI en Publicidad

📌 **¿Qué es el ROI en publicidad?**
Es la relación entre lo que **invierte** y lo que **ganas**.

📌 **Estrategias para aumentar tu ROI:**
✅ **Prueba 3 versiones diferentes de anuncios** y quédate con el mejor.
✅ **Invierte más en lo que funciona y apaga lo que no convierte.**
✅ **Usa retargeting para reducir costos y aumentar ventas.**
✅ **Optimiza tus anuncios cada 3-5 días** según los resultados.

📌 **Ejemplo de optimización:**
Un coach de negocios probó **3 anuncios diferentes** con $5 diarios.

👉 **El mejor anuncio le generó $10 de ganancia por cada $1** invertido.

📌 **Herramientas para medir resultados:**
☑ **Facebook Ads Manager** → Analiza el rendimiento de los anuncios.
☑ **Google Analytics** → Verifica conversiones en tu web.
☑ **ManyChat** → Automatiza respuestas en DM y aumenta ventas.

### Conclusión

📌 Si quieres crecer rápido y vender más en Instagram, los anuncios pagados son clave.
☑ **Aprende a usar Facebook Ads** para segmentar y llegar a tu audiencia ideal.
☑ **Crea anuncios llamativos** con videos y llamadas a la acción efectiva.
☑ **Usa retargeting** para recuperar clientes y aumentar conversiones.
☑ **Optimiza constantemente tus campañas** para maximizar ganancias.

🚀 En el próximo capítulo aprenderemos cómo escalar ingresos y generar ganancias pasivas en Instagram.

# Capítulo 10: Integración de Amazon, YouTube e Instagram para Maximizar Ingresos

Para lograr **ingresos escalables y sostenibles**, no basta con trabajar de manera aislada en cada plataforma. **Amazon, YouTube e Instagram** son herramientas poderosas que, al integrarlas, pueden generar un flujo constante de tráfico y ventas. En este capítulo, aprenderás cómo **hacer que las tres plataformas trabajen juntas**, cómo crear **embudos de ventas automatizados**, y cómo **maximizar tus ingresos a largo plazo** utilizando estrategias y herramientas que te ayudarán a gestionar todo de manera eficiente.

📌 **En este capítulo aprenderás:**
1. Cómo hacer que **Amazon, YouTube e Instagram se alimentan entre sí**.
2. Cómo **crear embudos de ventas automatizados**.
3. La **estrategia a largo plazo para ingresos escalables**.
4. Las **herramientas y automatización para gestionar múltiples canales**.

## 1. Cómo Hacer que Amazon, YouTube e Instagram se Alimentan Entre Sí

**La clave de la integración es dirigir el tráfico de una plataforma a otra**, creando un flujo constante de ventas y seguidores.

📌 **¿Cómo integrar las tres plataformas?**
✅ **Instagram a Amazon:** Si estás vendiendo productos en Amazon (como un libro o artículo físico), puedes usar Instagram para mostrar contenido visual atractivo que motive a tus seguidores a visitar tu tienda o página de producto en Amazon.
✅ **YouTube a Amazon:** Si tienes un canal de YouTube, puedes crear contenido relacionado con tus productos en Amazon (por ejemplo, reseñas, tutoriales, unboxing) y agregar tus enlaces de

afiliación o productos en la descripción del video.

✅ **Amazon a YouTube:** Puedes ofrecer **contenido exclusivo en YouTube** (tutoriales, estrategias, experiencias) y usar Amazon para ofrecer **productos relacionados** que complementen el contenido de tu canal (por ejemplo, libros, herramientas, cursos).

✅ **Instagram a YouTube:** Publica **Reels** e **Stories** con clips que invitan a tus seguidores a ver tu canal de YouTube para contenido completo. En tus publicaciones de Instagram, incluye enlaces a tu canal de YouTube o a videos específicos.

✅ **YouTube a Instagram:** Al finalizar tus videos de YouTube, invita a tu audiencia a **seguir tu cuenta de Instagram** para obtener actualizaciones rápidas, ofertas exclusivas o contenido detrás de cámaras.

🔨 **Ejemplo de integración de plataformas:**
1. **Instagram:** Publica una foto de tu libro (en Amazon) con un enlace a tu página.
2. **YouTube:** Crea un video hablando sobre la creación del libro y lo enlazas en la descripción con tu enlace de Amazon.
3. **Amazon:** Vendes el libro, mientras que en tus páginas de producto puedes incluir un enlace a tu canal de YouTube para que los compradores aprendan más sobre ti o tu proceso creativo.

## 2. Creación de Embudos de Ventas Automatizados

Un **embudo de ventas** es el proceso mediante el cual guías a tu cliente potencial desde el primer contacto hasta la compra, y puedes automatizarlo para generar ingresos mientras duermes.

🔨 **¿Cómo crear un embudo de ventas eficaz?**

**Paso 1: Atraer tráfico**
- **Instagram:** Publica contenido llamativo, usa Reels y Stories para atraer la atención de tu audiencia. Incluye enlaces a tu **página de destino** (página de captura de leads) o **sitio web**.
- **YouTube:** contenido Ofrece de valor relacionado con tu producto o servicio y usa las **descripciones** de los videos para

incluir enlaces a tu página de ventas o tienda en Amazon.

**Paso 2: Captura de leads**
- **Página de destino**: Crea una página de aterrizaje donde ofrecerás algo de valor (un ebook gratuito, un curso mini, una oferta especial) a cambio del correo electrónico del visitante.
- **Herramientas como ConvertKit, Mailchimp o Leadpages** te permiten automatizar este proceso y construir una lista de correos electrónicos.

**Paso 3: Nutrición de Leads**
- **Emails automatizados**: Una vez que tengas la dirección de correo, envía correos electrónicos automatizados que proporcionarán contenido valioso y gradualmente promuevan tu producto.
- **Instagram**: Usa Stories y mensajes directos para nutrir la relación con tu audiencia, respondiendo a sus preguntas y ofreciendo ofertas exclusivas.

**Paso 4: Venta**
- Ofrece tus productos (en Amazon) a través de enlaces en tus correos electrónicos, publicaciones de Instagram o videos de YouTube. Usa ofertas limitadas y testimonios para impulsar la conversión.

📌 **Ejemplo de embudo de ventas:**
1. Publicas en **Instagram** un Reel sobre tu libro en Amazon.
2. En tu perfil de Instagram, tienes un enlace a tu **página de captura** donde ofreces un **capítulo gratis** a cambio del correo.
3. Los usuarios que se registran reciben un correo automatizado con contenido adicional y un **enlace a tu página de ventas de Amazon**.
4. Al final de la secuencia de correos, ofreces una **promoción limitada** (descuento o bonificación) para aumentar las conversiones.

## 3. Estrategia a Largo Plazo para Ingresos Escalables

El éxito no se consigue de la noche a la mañana, pero con una

**estrategia a largo plazo**, puedes construir un sistema de ingresos pasivos que escale con el tiempo.

📌 **Pasos clave para escalar tus ingresos a largo plazo:**
1. **Reinvertir tus ganancias**: Utiliza los ingresos generados para invertir en publicidad, contrata ayuda para la creación de contenido y mejora tus productos.
2. **Expandir tu audiencia**: Continuamente, usa las tres plataformas (Amazon, YouTube e Instagram) para atraer nuevos seguidores, suscriptores y clientes.
3. **Optimización constante**: Revisa las métricas y resultados de cada plataforma (tasa de conversión, clics, interacción) y ajusta tus estrategias de contenido y anuncios en consecuencia.
4. **Diversificación de ingresos**: A medida que creces, explora diferentes fuentes de ingreso, como **productos digitales, afiliación, publicidad en YouTube** , etc.

📌 **Ejemplo de estrategia a largo plazo:**
1. Comienza a vender tu **libro autopublicado en Amazon** y usa Instagram y YouTube para generar tráfico.
2. Una vez que generes ingresos, **invierte en anuncios de Facebook Ads** para llegar a una audiencia más amplia.
3. **Automatiza los procesos de ventas** con embudos y herramientas de marketing por correo electrónico.
4. **Expande tu oferta** al crear otros productos o servicios, como cursos, mentorías o productos físicos.

## 4. Herramientas y Automatización para Gestionar Múltiples Canales

La gestión de **Amazon, YouTube e Instagram** puede ser un desafío si no cuentas con las herramientas adecuadas. La **automatización** es clave para liberar tiempo y maximizar la eficiencia.

**Herramientas para Instagram y YouTube:**
- **Hootsuite / Buffer**: Para programar tus publicaciones en Instagram y YouTube.

- **Canva**: Para diseñar gráficos y anuncios para ambas plataformas.
- **Posteriormente**: Para programar tus publicaciones de Instagram y ver análisis de rendimiento.

**Herramientas para embudos y automatizacion:**
- **ConvertKit / Mailchimp**: Para crear embudos de correo electrónico y automatizar el marketing.
- **ClickFunnels**: Para crear páginas de ventas y embudos completos sin necesidad de codificación.
- **Zapier**: Para conectar diferentes plataformas y automatizar tareas (por ejemplo, si alguien se suscribe en tu página, envíale automáticamente un correo).

## Conclusión

Integrar **Amazon, YouTube e Instagram** te permite **maximizar tus ingresos** de manera escalable. Siguiendo una estrategia sólida y utilizando herramientas de automatización, puedes **crear un ecosistema de ventas** que trabaje para ti las 24 horas del día.

✅ **Haz que cada plataforma se alimente de las demás**: Usa Instagram para atraer tráfico a YouTube y Amazon, y viceversa.

✅ **Crea embudos de ventas automatizados** para maximizar tus conversiones sin esfuerzo.

✅ **Construye una estrategia a largo plazo** para que tu negocio crezca y escale con el tiempo.

✅ **Utiliza herramientas de automatización** para gestionar todos tus canales de manera eficiente.

🚀 **¡Ahora es el momento de aplicar todo lo aprendido y comenzar a escalar tus ingresos de forma efectiva!**

## 📚 BIBLIOGRAFÍA RECOMENDADA

### 📖 PUBLICACIÓN Y VENTA DE LIBROS EN AMAZON KDP

1. **PENNY C. SANSEVIERI** – *HOW TO SELL BOOKS BY THE TRUCKLOAD ON AMAZON* (2015)
2. **CHRIS MCMULLEN** – *A DETAILED GUIDE TO SELF-PUBLISHING WITH AMAZON AND OTHER ONLINE BOOKSELLERS* (2021)
3. **DALE L. ROBERTS** – *AMAZON KEYWORDS FOR BOOKS: HOW TO USE KEYWORDS FOR BETTER DISCOVERY ON AMAZON* (2019)
4. **DAVID GAUGHRAN** – *LET'S GET DIGITAL: HOW TO SELF-PUBLISH, AND WHY YOU SHOULD* (2020)

### 🎥 CRECIMIENTO Y MONETIZACIÓN EN YOUTUBE

5. **SEAN CANNELL & BENJI TRAVIS** – *YOUTUBE SECRETS: THE ULTIMATE GUIDE TO GROWING YOUR FOLLOWING AND MAKING MONEY AS A VIDEO INFLUENCER* (2018)
6. **ROBERTO BLAKE** – *CREATE SOMETHING AWESOME: HOW CREATORS ARE PROFITING FROM THEIR PASSION IN THE CREATOR ECONOMY* (2021)
7. **BRIAN G. JOHNSON** – *TUBE RITUAL: GROW YOUR YOUTUBE AUDIENCE AND MAKE MONEY* (2018)
8. **TIM SCHMOYER** – *30 DAYS TO A BETTER YOUTUBE CHANNEL* (2017)

### 📷 MONETIZACIÓN Y MARKETING EN INSTAGRAM

9. **GARY VAYNERCHUK** – *CRUSHING IT!: HOW GREAT ENTREPRENEURS BUILD THEIR BUSINESS AND INFLUENCE—AND HOW YOU CAN, TOO* (2018)
10. **DOMINIQUE CARTER** – *INSTAGRAM MARKETING SECRETS: THE UNDERGROUND PLAYBOOK FOR GROWING YOUR FOLLOWING AND MAKING MONEY WITH INSTAGRAM* (2019)
11. **NATHAN CHAN** – *INSTAGRAM DOMINATION: THE ULTIMATE GUIDE TO USING INSTAGRAM TO GROW YOUR BUSINESS AND BRAND* (2016)
12. **RACHEL PEDERSEN** – *UNFILTERED: PROVEN STRATEGIES TO START AND GROW YOUR BUSINESS BY NOT FOLLOWING THE RULES* (2022)

## ESTRATEGIAS DE MARKETING DIGITAL Y MONETIZACIÓN ONLINE

13. **RUSSELL BRUNSON** – *DOTCOM SECRETS: THE UNDERGROUND PLAYBOOK FOR GROWING YOUR COMPANY ONLINE* (2015)
14. **SETH GODIN** – *THIS IS MARKETING: YOU CAN'T BE SEEN UNTIL YOU LEARN TO SEE* (2018)
15. **BRENDAN KANE** – *ONE MILLION FOLLOWERS: HOW I BUILT A MASSIVE SOCIAL FOLLOWING IN 30 DAYS* (2018)
16. **NEIL PATEL, PATRICK VLASKOVITS & JONAS KOFFLER** – *HUSTLE: THE POWER TO CHARGE YOUR LIFE WITH MONEY, MEANING, AND MOMENTUM* (2016)

## PSICOLOGÍA Y EMPRENDIMIENTO DIGITAL

17. **ROBERT CIALDINI** – *INFLUENCE: THE PSYCHOLOGY OF PERSUASION* (2006)
18. **DANIEL KAHNEMAN** – *THINKING, FAST AND SLOW* (2011)
19. **JAMES CLEAR** – *ATOMIC HABITS: AN EASY & PROVEN WAY TO BUILD GOOD HABITS & BREAK BAD ONES* (2018)
20. **CAL NEWPORT** – *DEEP WORK: RULES FOR FOCUSED SUCCESS IN A DISTRACTED WORLD* (2016)

**Aprende a Vender Libros Autopublicados en Amazon y monetizar en You Tube e Instagram en 30 días.**

¡MAS HERRAMIENTAS PARA GENERAR INGRESOS DESDE LAS TRES PLATAFORMAS DIGITALES DE MAYOR ALCANCE GLOBAL!

# Capítulo 1: Introducción a la monetización digital

- **Objetivo**: Entender los fundamentos de la monetización en Amazon, YouTube e Instagram.
- **Temas:**
    - ¿Qué es la autopublicación en Amazon KDP (Kindle Direct Publishing)?
    - Introducción a la monetización en YouTube (Programa de Socios de YouTube).
    - Introducción a la monetización en Instagram (cuentas profesionales, afiliados, patrocinios).
    - Herramientas esenciales para empezar (Canva, Google Trends, Keyword Planner, etc.).
    - Establecer metas realistas para 30 días.

# Capítulo 2: Autopublicación y venta de libros en Amazon

- **Objetivo**: Aprender a publicar y vender libros en Amazon KDP.
- **Temas:**
    - Creación de una cuenta en Amazon KDP.
    - Cómo elegir un nicho rentable para tu libro.
    - Diseño de portadas y formato del libro (herramientas gratuitas y de pago).
    - Estrategias de precios y selección de categorías.

- Cómo escribir una descripción persuasiva y usar palabras clave efectivas.
- Estrategias gratuitas de marketing:
    - Promociones en redes sociales.
    - Uso de grupos de Facebook y foros relacionados.
- Estrategias de pago:
    - Publicidad en Amazon Ads.
    - Contratación de servicios de corrección y diseño profesional.

## Capítulo 3: Creación y optimización de un canal de YouTube

- **Objetivo**: Aprender a crear y optimizar un canal de YouTube para monetizar en 30 días.
- **Temas**:
    - Creación de una cuenta y configuración del canal.
    - Elección de un nicho rentable y sostenible.
    - Optimización de títulos, descripciones y etiquetas (SEO para YouTube).
    - Creación de contenido atractivo y de valor.
    - Estrategias gratuitas de promoción:
        - Colaboraciones con otros creadores.
        - Uso de redes sociales para atraer tráfico.
    - Estrategias de pago:

- Publicidad en YouTube Ads.
- Uso de herramientas de edición y diseño profesional.

## Capítulo 4: Monetización en YouTube

- **Objetivo**: Cumplir con los requisitos para monetizar y generar ingresos.
- **Temas**:
  - Requisitos del Programa de Socios de YouTube (1,000 suscriptores y 4,000 horas de visualización).
  - Estrategias para aumentar suscriptores y visualizaciones:
    - Creación de contenido viral.
    - Uso de miniaturas llamativas.
  - Fuentes de ingresos en YouTube:
    - Publicidad (AdSense).
    - Afiliados y patrocinios.
    - Venta de productos o servicios propios.
  - Herramientas para analizar el rendimiento del canal (YouTube Analytics).

## Capítulo 5: Creación y optimización de una cuenta de Instagram

- **Objetivo**: Aprender a crear y optimizar una cuenta de Instagram para monetizar en 30 días.

- **Temas**:
  - Creación de una cuenta profesional.
  - Elección de un nicho y definición de la audiencia objetivo.
  - Optimización de la biografía y enlace de la cuenta.
  - Creación de contenido atractivo (fotos, videos, historias, reels).
  - Estrategias gratuitas de crecimiento:
    - Uso de hashtags efectivos.
    - Interacción con seguidores y cuentas similares.
  - Estrategias de pago:
    - Publicidad en Instagram Ads.
    - Colaboraciones pagadas con influencers.

## Capítulo 6: Monetización en Instagram

- **Objetivo**: Generar ingresos a través de Instagram en 30 días.
- **Temas**:
  - Requisitos para monetizar en Instagram (cuenta profesional, engagement alto).
  - Estrategias para aumentar seguidores y engagement:
    - Publicación consistente y de calidad.
    - Uso de reels y stories para aumentar el alcance.
  - Fuentes de ingresos en Instagram:

- Afiliados y enlaces de referencia.
- Patrocinios y colaboraciones con marcas.
- Venta de productos o servicios propios.
  - Herramientas para analizar el rendimiento (Instagram Insights).

# Capítulo 7: Estrategias integradas de marketing

- **Objetivo**: Aprender a integrar estrategias de marketing para Amazon, YouTube e Instagram.
- **Temas**:
  - Cómo usar Instagram y YouTube para promocionar libros en Amazon.
  - Creación de campañas cruzadas (por ejemplo, un video en YouTube que promocione un libro y un post en Instagram con el enlace de compra).
  - Uso de email marketing para fidelizar a la audiencia.
  - Estrategias de pago:
    - Publicidad integrada (Google Ads, Facebook Ads).
    - Uso de herramientas de automatización (Hootsuite, Buffer).

# Capítulo 8: Análisis y ajustes para maximizar resultados

- **Objetivo**: Aprender a analizar el rendimiento y ajustar estrategias.

- **Temas**:
    - Cómo interpretar métricas clave en Amazon KDP, YouTube Analytics e Instagram Insights.
    - Identificación de qué funciona y qué no.
    - Ajustes en las estrategias de contenido y marketing.
    - Planificación a largo plazo para seguir creciendo.
    - Consejos finales para mantener la consistencia y la motivación.

# Bonus: Herramientas y recursos recomendados

- **Gratuitas**:
    - Canva (diseño gráfico).
    - Google Trends (análisis de tendencias).
    - TubeBuddy (optimización de YouTube).
- **De pago**:
    - Adobe Creative Cloud (diseño profesional).
    - SEMrush (SEO y marketing digital).
    - Hootsuite (gestión de redes sociales).

- **Bibliografía.**

# Capítulo 1: Introducción a la monetización digital

**Objetivo:**

Entender los fundamentos de la monetización en Amazon, YouTube e Instagram, y familiarizarse con las herramientas y estrategias básicas para comenzar.

**1. ¿Qué es la autopublicación en Amazon KDP (Kindle Direct Publishing)?**

Amazon KDP (Kindle Direct Publishing) es una plataforma que permite a autores independientes publicar y distribuir sus libros en formato digital (eBook) y en papel (tapa blanda) a través de Amazon. Es una de las formas más populares de autopublicación debido a su alcance global y facilidad de uso.

- **Ventajas de Amazon KDP**:
    - **Alcance global**: Tus libros pueden estar disponibles en múltiples países.
    - **Control total**: Tú decides el precio, la portada y el contenido.
    - **Regalías atractivas**: Puedes ganar hasta un 70% de regalías por cada venta.
    - **Sin costos iniciales**: Amazon no cobra por publicar, solo gana una comisión por cada venta.
- **Cómo funciona**:
    1. Creas una cuenta en KDP.
    2. Subes tu manuscrito y diseñar la portada.
    3. Configuras el precio y las regalías.
    4. Amazon se encarga de la distribución y venta.

- **Ejemplo práctico**: Si escribes un libro de 200 páginas sobre "Cómo cultivar un huerto en casa", puedes publicarlo en KDP, establecer un precio de 9.99yganaralrededorde9.99*yganaralrededorde*7 por cada venta.

## 2. Introducción a la monetización en YouTube (Programa de Socios de YouTube)

YouTube es una de las plataformas más poderosas para generar ingresos a través de contenido de video. El **Programa de Socios de YouTube (YPP)** permite a los creadores monetizar sus videos mediante publicidad, suscripciones y otras fuentes de ingresos.

- **Requisitos para monetizar**:
    - Tener al menos **1,000 suscriptores**.
    - Haber acumulado **4,000 horas de visualización** en los últimos 12 meses.
    - Cumplir con las políticas de la comunidad de YouTube.

- **Fuentes de ingresos en YouTube**:
    - **Publicidad**: Ingresos por anuncios mostrados en tus videos.
    - **Afiliados**: Promoción de productos o servicios con enlaces de afiliados.
    - **Patrocinios**: Colaboraciones pagadas con marcas.
    - **Miembros del canal**: Suscripciones mensuales de tus seguidores.
    - **Merchandising**: Venta de productos propios.

- **Ejemplo práctico**: Si creas un canal sobre reseñas de libros y alcanzas los requisitos de YPP, puedes ganar dinero con anuncios, promocionar libros de afiliados y colaborar con editoriales.

## 3. Introducción a la monetización en Instagram (cuentas profesionales, afiliados, patrocinios)

Instagram es una plataforma visual que ofrece múltiples oportunidades para monetizar, especialmente si tienes una audiencia comprometida.

- **Cuentas profesionales:**
    - Las cuentas profesionales de Instagram te brindan acceso a herramientas como estadísticas (Insights) y la posibilidad de agregar enlaces en las historias.
    - Es el primer paso para monetizar, ya que te permite promocionar productos o servicios de manera más efectiva.
- **Fuentes de ingresos en Instagram:**
    - **Afiliados**: Promoción de productos con enlaces de afiliados (por ejemplo, Amazon Associates).
    - **Patrocinios**: Colaboraciones pagadas con marcas.
    - **Venta de productos propios**: Si tienes un negocio, puedes usar Instagram como escaparate.
    - **Donaciones**: A través de herramientas como "Badges" en Instagram Live.
- **Ejemplo práctico**: Si tienes una cuenta de fitness con 10,000 seguidores, puedes colaborar con marcas de suplementos deportivos, promocionar sus productos y ganar una comisión por cada venta.

## 4. Herramientas esenciales para empezar

Para tener éxito en la monetización digital, es importante utilizar herramientas que te ayuden a optimizar tu trabajo. Aquí te presento algunas esenciales:

- **Canva**: Una herramienta gratuita para crear diseños atractivos (portadas de libros, miniaturas de YouTube, posts de Instagram).
- **Google Trends**: Te permite identificar tendencias y temas populares para crear contenido relevante.
- **Keyword Planner**: Herramienta de Google Ads para encontrar palabras clave rentables (útil para Amazon KDP y YouTube).
- **TubeBuddy**: Extensión para navegador que ayuda a optimizar videos de YouTube (SEO, etiquetas, etc.).
- **Instagram Insights**: Herramienta nativa de Instagram para analizar el rendimiento de tu cuenta.
- **Hootsuite**: Plataforma para programar y gestionar publicaciones en redes sociales.

## 5. Establecer metas realistas para 30 días

Para lograr resultados en 30 días, es crucial establecer metas claras y alcanzables. Aquí te dejo un ejemplo de cómo hacerlo para cada plataforma:

- **Amazon KDP**:
    - Meta: Publicar un libro y vender 50 copias.
    - Acciones:
        - Escribir y editar el libro en los primeros 10 días.
        - Diseñar la portada y subir el libro a KDP.

- Promocionar el libro en redes sociales y grupos relacionados.

- **YouTube**:
  - Meta: Alcanzar 500 suscriptores y 1,000 horas de visualización.
  - Acciones:
    - Publicar 2 videos por semana (8 videos en total).
    - Optimizar títulos, descripciones y miniaturas.
    - Promocionar videos en Instagram y otras redes.

- **Instagram**:
  - Meta: Alcanzar 1,000 seguidores y obtener 2 colaboraciones con marcas.
  - Acciones:
    - Publicar contenido diario (fotos, reels, stories).
    - Interactuar con seguidores y cuentas similares.
    - Contactar a marcas pequeñas para colaboraciones.

**Conclusión del Capítulo 1**

En este capítulo, has aprendido los fundamentos de la monetización en Amazon, YouTube e Instagram, así como las herramientas esenciales para comenzar. Además, has establecido metas realistas para los primeros 30 días. En el próximo capítulo, profundizaremos en la autopublicación de libros en Amazon KDP y cómo maximizar tus ventas.

## Capítulo 2: Autopublicación y venta de libros en Amazon

**Objetivo:**

Aprender a publicar y vender libros en Amazon KDP, desde la creación de la cuenta hasta la promoción efectiva del libro.

**1. Creación de una cuenta en Amazon KDP**

Para comenzar a publicar libros en Amazon, lo primero que necesitas es crear una cuenta en **Kindle Direct Publishing (KDP)**. Aquí te explico cómo hacerlo:

1. **Registro**:
    - Visita kdp.amazon.com.
    - Haz clic en "Crear una cuenta KDP".
    - Ingresa con tu cuenta de Amazon o crea una nueva.
2. **Información requerida**:
    - Datos personales (nombre, dirección, etc.).
    - Información fiscal (para recibir pagos).
    - Datos bancarios (donde se depositarán tus regalías).
3. **Configuración inicial**:
    - Una vez registrado, accede al panel de KDP.
    - Familiarízate con las secciones: "Biblioteca", "Informes" y "Promociones".

## 2. Cómo elegir un nicho rentable para tu libro

Elegir un nicho rentable es clave para el éxito de tu libro. Aquí te dejo una guía paso a paso:

1. **Investiga tendencias**:
    - Usa **Google Trends** para identificar temas populares.
    - Revisa las listas de bestsellers en Amazon (especialmente en la categoría "Libros").
2. **Analiza la competencia**:
    - Busca libros similares al que quieres publicar.
    - Revisa sus reseñas y precios para identificar oportunidades.
3. **Encuentra un nicho específico**:
    - En lugar de un tema general (por ejemplo, "cocina"), elige un subtema específico (por ejemplo, "recetas veganas para principiantes").
    - Los nichos específicos tienen menos competencia y son más fáciles de posicionar.
4. **Ejemplo práctico**:
    - Si te gusta el fitness, podrías escribir un libro sobre "Ejercicios en casa para mujeres mayores de 40 años".

## 3. Diseño de portadas y formato del libro

El diseño de la portada y el formato del libro son cruciales para atraer a los lectores. Aquí te explico cómo hacerlo:

1. **Diseño de portadas**:
    - **Herramientas gratuitas**: Canva, Adobe Spark.

- **Herramientas de pago**: Fiverr (contratar a un diseñador profesional), Adobe Photoshop.
- Consejos para una portada atractiva:
  - Usa colores llamativos pero coherentes con el tema.
  - El título debe ser legible incluso en miniaturas.
  - Incluye una imagen que represente el contenido del libro.

2. **Formato del libro**:

- **Formato digital (eBook)**:
  - Usa herramientas como **Scrivener** o **Google Docs** para escribir y formatear.
  - Convierte el archivo a formato .mobi o .epub (Amazon acepta ambos).
- **Formato impreso (tapa blanda)**:
  - Usa la plantilla de KDP para asegurarte de que el tamaño y los márgenes sean correctos.
  - Sube el archivo en formato PDF.

### 4. Estrategias de precios y selección de categorías

El precio y la categoría de tu libro pueden influir significativamente en sus ventas. Aquí te explico cómo optimizarlos:

1. **Estrategias de precios**:

- **Libros digitales**: Un precio común es entre 2.99y2.99y9.99 (ganas un 70% de regalías).

- **Libros impresos**: El precio depende del costo de impresión. Amazon sugiere un precio basado en el número de páginas.
- **Promociones**: Ofrece descuentos temporales (por ejemplo, $0.99 durante una semana) para atraer lectores.

2. **Selección de categorías**:
   - Elige categorías específicas para reducir la competencia.
   - Puedes seleccionar hasta dos categorías al publicar tu libro.
   - Ejemplo: Si escribes un libro de cocina, elige "Cocina vegana" en lugar de "Cocina general".

## 5. Cómo escribir una descripción persuasiva y usar palabras clave efectivas

La descripción y las palabras clave son esenciales para que los lectores encuentren tu libro. Aquí te explico cómo optimizarlas:

1. **Descripción persuasiva**:
   - Comienza con un gancho que capture la atención (por ejemplo, una pregunta o una afirmación impactante).
   - Describe los beneficios del libro (qué problemas resuelve o qué aprenderá el lector).
   - Usa un tono claro y directo.
   - Incluye una llamada a la acción (por ejemplo, "¡Compra ahora y comienza tu viaje hacia una vida más saludable!").

2. **Palabras clave efectivas**:
    - Usa **Keyword Planner** o **Publisher Rocket** para encontrar palabras clave relevantes.
    - Incluye las palabras clave en el título, subtítulo y descripción del libro.
    - Ejemplo: Si tu libro es sobre "meditación para principiantes", usa palabras clave como "meditación guiada", "relajación" o "mindfulness".

## 6. Estrategias gratuitas de marketing

Promocionar tu libro es tan importante como escribirlo. Aquí te dejo algunas estrategias gratuitas:

1. **Promociones en redes sociales**:
    - Comparte enlaces de tu libro en Facebook, Instagram, Twitter y LinkedIn.
    - Publica fragmentos del libro o testimonios de lectores.

2. **Uso de grupos de Facebook y foros relacionados**:
    - Únete a grupos de Facebook sobre el tema de tu libro (por ejemplo, grupos de cocina si escribiste un libro de recetas).
    - Participa en foros como Reddit o Goodreads para promocionar tu libro de manera orgánica.

## 7. Estrategias de pago

Si tienes un presupuesto, estas estrategias de pago pueden ayudarte a aumentar las ventas:

1. **Publicidad en Amazon Ads:**
   - Crea campañas publicitarias dirigidas a lectores interesados en tu nicho.
   - Establece un presupuesto diario (por ejemplo, $5 por día).
   - Usa palabras clave relevantes para llegar a tu audiencia.
2. **Contratación de servicios de corrección y diseño profesional:**
   - Contrata a un corrector de estilo para asegurarte de que tu libro esté libre de errores.
   - Invierte en un diseñador profesional para la portada y el formato interior.

### Conclusión del Capítulo 2

En este capítulo, has aprendido cómo publicar y vender libros en Amazon KDP, desde la creación de la cuenta hasta la promoción efectiva. En el próximo capítulo, nos enfocaremos en la creación y optimización de un canal de YouTube para monetizar en 30 días.

# Capítulo 3: Creación y optimización de un canal de YouTube

### Objetivo:

Aprender a crear y optimizar un canal de YouTube para monetizar en 30 días, desde la configuración inicial hasta la creación de contenido atractivo.

## 1. Creación de una cuenta y configuración del canal

Para comenzar a monetizar en YouTube, lo primero que necesitas es crear un canal y configurarlo correctamente. Aquí te explico cómo hacerlo:

1. **Crear una cuenta de Google**:
    - Si no tienes una, crea una cuenta en google.com.
    - Usa un correo electrónico profesional (por ejemplo, tunombrecanal@gmail.com).

2. **Crear un canal de YouTube**:
    - Inicia sesión en YouTube con tu cuenta de Google.
    - Haz clic en tu foto de perfil y selecciona "Crear un canal".
    - Elige un nombre atractivo y relacionado con tu nicho (por ejemplo, "Cocina Fácil y Rápida").

3. **Configuración inicial del canal**:
    - **Foto de perfil**: Usa una imagen profesional o un logo.
    - **Banner**: Crea un banner llamativo con Canva.
    - **Descripción del canal**: Explica qué tipo de contenido publicarás y por qué los espectadores deberían suscribirse.
    - **Enlaces**: Agrega enlaces a tus redes sociales o sitio web.

## 2. Elección de un nicho rentable y sostenible

Elegir un nicho rentable es clave para el éxito de tu canal. Aquí te dejo una guía paso a paso:

1. **Investiga tendencias:**
   - Usa **Google Trends** y **TubeBuddy** para identificar temas populares.
   - Revisa canales exitosos en tu área de interés.
2. **Analiza la competencia:**
   - Busca canales similares al que quieres crear.
   - Revisa sus videos más populares para identificar qué funciona.
3. **Encuentra un nicho específico:**
   - En lugar de un tema general (por ejemplo, "tecnología"), elige un subtema específico (por ejemplo, "reseñas de smartphones económicos").
   - Los nichos específicos tienen menos competencia y son más fáciles de posicionar.
4. **Ejemplo práctico:**
   - Si te gusta el fitness, podrías crear un canal sobre "Ejercicios en casa para principiantes".

## 3. Optimización de títulos, descripciones y etiquetas (SEO para YouTube)

El SEO (Search Engine Optimization) es esencial para que tus videos sean encontrados por los usuarios. Aquí te explico cómo optimizarlos:

1. **Títulos:**
   - Usa palabras clave relevantes (por ejemplo, "Cómo hacer pan casero en 10 minutos").
   - Mantén los títulos cortos y descriptivos (menos de 60 caracteres).

- Incluye números o palabras como "fácil", "rápido" o "mejor" para atraer clics.

2. **Descripciones**:
    - Incluye una breve introducción del video.
    - Usa palabras clave de manera natural.
    - Agrega enlaces a tus redes sociales o sitio web.
    - Incluye un llamado a la acción (por ejemplo, "¡Suscríbete para más videos como este!").

3. **Etiquetas**:
    - Usa etiquetas relevantes para ayudar a YouTube a entender de qué trata tu video.
    - Incluye palabras clave principales y secundarias.
    - Ejemplo: Si tu video es sobre "recetas veganas", usa etiquetas como "comida vegana", "recetas saludables", etc.

**4. Creación de contenido atractivo y de valor**

El contenido es el rey en YouTube. Aquí te dejo algunos consejos para crear videos que atraigan y retengan a tu audiencia:

1. **Planificación**:
    - Crea un calendario de contenido (por ejemplo, publicar 2 videos por semana).
    - Investiga temas que interesen a tu audiencia.

2. **Calidad del video**:
    - Usa una cámara decente o un smartphone con buena resolución.

- Asegúrate de que el audio sea claro (usa un micrófono si es posible).
- Ilumina bien el espacio donde grabas.

3. **Estructura del video**:
   - Comienza con un gancho que capture la atención en los primeros 10 segundos.
   - Explica claramente de qué tratará el video.
   - Mantén el contenido organizado y fácil de seguir.
   - Termina con un llamado a la acción (por ejemplo, "Suscríbete y dale like si te gustó el video").

4. **Ejemplo práctico**:
   - Si tu canal es sobre cocina, podrías grabar un video titulado "5 recetas rápidas para la cena".

## 5. Estrategias gratuitas de promoción

Promocionar tu canal es tan importante como crear contenido. Aquí te dejo algunas estrategias gratuitas:

1. **Colaboraciones con otros creadores**:
   - Busca canales similares al tuyo y propón colaboraciones.
   - Esto te ayudará a llegar a una audiencia nueva.

2. **Uso de redes sociales para atraer tráfico**:
   - Comparte tus videos en Facebook, Instagram, Twitter y LinkedIn.
   - Publica fragmentos o "teasers" del video para generar interés.

3. **Interacción con la comunidad**:
   - Responde a los comentarios en tus videos.
   - Participa en foros y grupos relacionados con tu nicho.

## 6. Estrategias de pago

Si tienes un presupuesto, estas estrategias de pago pueden ayudarte a aumentar tus suscriptores y visualizaciones:

1. **Publicidad en YouTube Ads**:
   - Crea campañas publicitarias dirigidas a tu audiencia objetivo.
   - Establece un presupuesto diario (por ejemplo, $5 por día).
   - Usa palabras clave relevantes para llegar a los usuarios adecuados.

2. **Uso de herramientas de edición y diseño profesional**:
   - Contrata a un editor de video para mejorar la calidad de tus videos.
   - Invierte en herramientas de diseño para crear miniaturas llamativas.

## Conclusión del Capítulo 3

En este capítulo, has aprendido cómo crear y optimizar un canal de YouTube, desde la configuración inicial hasta la creación de contenido atractivo. En el próximo capítulo, nos enfocaremos en cómo monetizar tu canal y cumplir con los requisitos del Programa de Socios de YouTube.

# Capítulo 4: Monetización en YouTube

**Objetivo:**

Aprender a cumplir con los requisitos para monetizar tu canal de YouTube y generar ingresos a través de diversas fuentes.

**1. Requisitos del Programa de Socios de YouTube (YPP)**

Para monetizar tu canal, debes cumplir con los requisitos del **Programa de Socios de YouTube (YPP)**. Aquí te explico en detalle:

1. **Requisitos principales**:
   - **1,000 suscriptores**: Tu canal debe tener al menos 1,000 suscriptores.
   - **4,000 horas de visualización**: Debes haber acumulado 4,000 horas de visualización en los últimos 12 meses.
   - **Cumplir con las políticas de la comunidad**: Tu canal debe seguir las normas de YouTube (sin contenido infringido, spam, etc.).

2. **Cómo verificar tu progreso**:
   - Accede a **YouTube Studio**.
   - Ve a la sección "Monetización" para ver cuántos suscriptores y horas de visualización tienes.

3. **Ejemplo práctico**:
   - Si tienes 500 suscriptores y 2,000 horas de visualización, enfócate en crear contenido que atraiga más suscriptores y aumente el tiempo de visualización.

## 2. Estrategias para aumentar suscriptores y visualizaciones

Para cumplir con los requisitos de YPP, necesitas aumentar tus suscriptores y horas de visualización. Aquí te dejo algunas estrategias efectivas:

1. **Creación de contenido viral**:
    - Identifica tendencias actuales y crea videos relacionados.
    - Usa títulos llamativos y miniaturas atractivas.
    - Ejemplo: Si hay un desafío viral, participa y sube tu video rápidamente.

2. **Uso de miniaturas llamativas**:
    - Diseña miniaturas que capturen la atención (usa colores brillantes y texto claro).
    - Herramientas recomendadas: Canva, Photoshop.

3. **Optimización del tiempo de visualización**:
    - Crea videos más largos (al menos 8-10 minutos).
    - Mantén el contenido interesante y evita relleno.
    - Usa tarjetas y pantallas finales para recomendar otros videos.

4. **Promoción cruzada**:
    - Comparte tus videos en redes sociales y grupos relacionados.
    - Colabora con otros creadores para llegar a una audiencia nueva.

## 3. Fuentes de ingresos en YouTube

Una vez que cumplas con los requisitos de YPP, podrás monetizar tu canal a través de diversas fuentes de ingresos. Aquí te explico las principales:

1. **Publicidad (AdSense)**:
   - YouTube muestra anuncios antes, durante o después de tus videos.
   - Ganas dinero por cada visualización de anuncio (CPM) o clic en el anuncio (CPC).
   - Ejemplo: Si tu video tiene 100,000 visualizaciones y un CPM de 5, podría ganar 500.

2. **Afiliados y patrocinios**:
   - Promociona productos o servicios con enlaces de afiliados.
   - Colabora con marcas para crear contenido patrocinado.
   - Ejemplo: Si tienes un canal de tecnología, podrías promocionar un smartphone y ganar una comisión por cada venta.

3. **Miembros del canal**:
   - Ofrece suscripciones mensuales a tus seguidores.
   - Los miembros reciben beneficios exclusivos (emojis personalizados, contenido extra, etc.).
   - Ejemplo: Si tienes 100 miembros que pagan 5 almes, *ganas* 500 mensuales.

4. **Venta de productos o servicios propios**:
   - Promociona tus propios productos (libros, cursos, merchandising).

- Usa la sección "Tienda" de tu canal para mostrar tus productos.
- Ejemplo: Si tienes un canal de cocina, podrías vender un libro de recetas.

## 4. Herramientas para analizar el rendimiento del canal

Para maximizar tus ingresos, es importante analizar el rendimiento de tu canal y ajustar tus estrategias. Aquí te explico cómo hacerlo:

1. **YouTube Analytics**:
   - Accede a **YouTube Studio** y ve a la sección "Analítica".
   - Revisa métricas clave como:
     - **Visualizaciones**: Cuántas veces se han visto tus videos.
     - **Tiempo de visualización**: Cuánto tiempo pasan los usuarios viendo tus videos.
     - **Fuentes de tráfico**: De dónde vienen tus espectadores (búsqueda, redes sociales, etc.).
     - **Demografía**: Edad, género y ubicación de tu audiencia.

2. **TubeBuddy**:
   - Herramienta que te ayuda a optimizar tus videos (SEO, etiquetas, etc.).
   - Ofrece análisis detallados y sugerencias para mejorar.

3. **Social Blade**:
   - Plataforma que te permite rastrear el crecimiento de tu canal y compararlo con otros.

**Conclusión del Capítulo 4**

En este capítulo, has aprendido cómo cumplir con los requisitos para monetizar tu canal de YouTube y generar ingresos a través de diversas fuentes. En el próximo capítulo, nos enfocaremos en la creación y optimización de una cuenta de Instagram para monetizar en 30 días.

# Capítulo 5: Creación y optimización de una cuenta de Instagram

**Objetivo:**

Aprender a crear y optimizar una cuenta de Instagram para monetizar en 30 días, desde la configuración inicial hasta la creación de contenido atractivo.

**1. Creación de una cuenta profesional**

Para comenzar a monetizar en Instagram, lo primero que necesitas es crear una **cuenta profesional**. Aquí te explico cómo hacerlo:

1. **Descarga la app**:
    - Si no la tienes, descarga Instagram desde la App Store o Google Play.
2. **Crear una cuenta**:
    - Abre la app y haz clic en "Registrarte".
    - Usa un correo electrónico profesional o tu número de teléfono.
    - Elige un nombre de usuario relacionado con tu nicho (por ejemplo, @CocinaFacilRapida).

3. **Convertir a cuenta profesional**:
    - Ve a tu perfil y haz clic en el menú de tres líneas (arriba a la derecha).
    - Selecciona "Configuración" y luego "Cambiar a cuenta profesional".
    - Elige entre "Creador" o "Negocio" (dependiendo de tu enfoque).
4. **Configuración inicial**:
    - **Foto de perfil**: Usa una imagen profesional o un logo.
    - **Biografía**: Escribe una descripción clara y atractiva que explique qué haces y por qué los usuarios deberían seguirte.
    - **Enlace**: Agrega un enlace a tu sitio web, blog o tienda online.

## 2. Elección de un nicho y definición de la audiencia objetivo

Elegir un nicho específico es clave para el éxito en Instagram. Aquí te dejo una guía paso a paso:

1. **Investiga tendencias**:
    - Usa **Google Trends** y **Hashtagify** para identificar temas populares.
    - Revisa cuentas exitosas en tu área de interés.
2. **Analiza la competencia**:
    - Busca cuentas similares a la que quieres crear.
    - Revisa sus publicaciones más populares para identificar qué funciona.

3. **Encuentra un nicho específico**:
    - En lugar de un tema general (por ejemplo, "viajes"), elige un subtema específico (por ejemplo, "viajes sostenibles").
    - Los nichos específicos tienen menos competencia y son más fáciles de posicionar.
4. **Define tu audiencia objetivo**:
    - Identifica la edad, género, intereses y ubicación de tu audiencia ideal.
    - Ejemplo: Si tu nicho es fitness, tu audiencia podría ser mujeres de 25-35 años interesadas en ejercicios en casa.

## 3. Optimización de la biografía y enlace de la cuenta

La biografía y el enlace de tu cuenta son esenciales para atraer seguidores y promocionar tu contenido. Aquí te explico cómo optimizarlos:

1. **Biografía**:
    - Usa un lenguaje claro y directo.
    - Incluye palabras clave relevantes (por ejemplo, "Entrenadora personal | Fitness en casa").
    - Agrega un llamado a la acción (por ejemplo, "¡Sígueme para más tips de fitness!").
    - Usa emojis para hacerla más atractiva.
2. **Enlace**:
    - Usa un enlace a tu sitio web, blog o tienda online.
    - Si no tienes un sitio web, puedes usar herramientas como **Linktree** para agregar múltiples enlaces.

## 4. Creación de contenido atractivo (fotos, videos, historias, reels)

El contenido es el rey en Instagram. Aquí te dejo algunos consejos para crear publicaciones que atraigan y retengan a tu audiencia:

1. **Fotos**:
    - Usa una cámara de buena calidad o un smartphone con buena resolución.
    - Asegúrate de que las imágenes estén bien iluminadas y enfocadas.
    - Usa herramientas de edición como **VSCO** o **Lightroom** para mejorar las fotos.

2. **Videos**:
    - Crea videos cortos y dinámicos (15-60 segundos).
    - Usa herramientas de edición como **InShot** o **Adobe Premiere Rush**.
    - Añade subtítulos para que los usuarios puedan verlos sin sonido.

3. **Historias**:
    - Publica historias diarias para mantener a tu audiencia comprometida.
    - Usa encuestas, preguntas y stickers interactivos.
    - Guarda las historias destacadas en categorías (por ejemplo, "Recetas", "Consejos").

4. **Reels**:
    - Crea reels cortos y entretenidos (15-30 segundos).
    - Usa música popular y efectos visuales.

- Ejemplo: Si tu nicho es cocina, podrías crear un reel de "5 recetas rápidas para la cena".

## 5. Estrategias gratuitas de crecimiento

Promocionar tu cuenta es tan importante como crear contenido. Aquí te dejo algunas estrategias gratuitas:

1. **Uso de hashtags efectivos**:
    - Usa hashtags relevantes y populares (por ejemplo, #FitnessEnCasa, #RecetasSaludables).
    - Crea una lista de hashtags relacionados con tu nicho y úsalos en cada publicación.

2. **Interacción con seguidores y cuentas similares**:
    - Responde a los comentarios y mensajes directos.
    - Interactúa con publicaciones de cuentas similares (like, comentarios).

3. **Colaboraciones**:
    - Busca cuentas similares y propón colaboraciones (por ejemplo, sorteos conjuntos).
    - Esto te ayudará a llegar a una audiencia nueva.

## 6. Estrategias de pago

Si tienes un presupuesto, estas estrategias de pago pueden ayudarte a aumentar tus seguidores y engagement:

1. **Publicidad en Instagram Ads**:
    - Crea campañas publicitarias dirigidas a tu audiencia objetivo.
    - Establece un presupuesto diario (por ejemplo, $5 por día).

- Usa imágenes o videos atractivos para tus anuncios.

2. **Colaboraciones pagadas con influencers**:
    - Busca influencers en tu nicho y propón colaboraciones pagadas.
    - Esto te ayudará a llegar a una audiencia más grande y comprometida.

**Conclusión del Capítulo 5**

En este capítulo, has aprendido cómo crear y optimizar una cuenta de Instagram, desde la configuración inicial hasta la creación de contenido atractivo. En el próximo capítulo, nos enfocaremos en cómo monetizar tu cuenta de Instagram y generar ingresos en 30 días.

# Capítulo 6: Monetización en Instagram

**Objetivo:**

Aprender a monetizar una cuenta de Instagram en 30 días, utilizando estrategias gratuitas y de pago para generar ingresos.

**1. Requisitos para monetizar en Instagram**

Para monetizar en Instagram, es importante cumplir con ciertos requisitos y tener una cuenta optimizada. Aquí te explico los aspectos clave:

1. **Cuenta profesional**:
    - Asegúrate de que tu cuenta esté configurada como **cuenta profesional** (Creador o Negocio).

- Esto te dará acceso a herramientas como **Instagram Insights** y la posibilidad de agregar enlaces en las historias.

2. **Engagement alto**:
   - Necesitas una audiencia comprometida (likes, comentarios, guardados).
   - Publica contenido de calidad y interactúa con tus seguidores.

3. **Seguidores**:
   - Aunque no hay un número mínimo oficial, tener al menos **1,000 seguidores** es un buen punto de partida para atraer marcas y oportunidades de monetización.

## 2. Estrategias para aumentar seguidores y engagement

Para monetizar, es crucial aumentar tu número de seguidores y mejorar el engagement. Aquí te dejo algunas estrategias efectivas:

1. **Publicación consistente y de calidad**:
   - Publica contenido regularmente (al menos 3-5 veces por semana).
   - Asegúrate de que cada publicación sea de alta calidad y aporte valor a tu audiencia.

2. **Uso de reels y stories para aumentar el alcance**:
   - Los **reels** tienen un alcance orgánico más alto. Crea reels cortos y entretenidos.
   - Usa **historias** diarias para mantener a tu audiencia comprometida.

3. **Interacción con seguidores**:
   - Responde a los comentarios y mensajes directos.

- Usa encuestas, preguntas y stickers interactivos en tus historias.

4. **Colaboraciones**:
    - Colabora con otros creadores o cuentas similares para llegar a una audiencia nueva.
    - Ejemplo: Haz un sorteo conjunto con otra cuenta de tu nicho.

## 3. Fuentes de ingresos en Instagram

Una vez que tengas una base de seguidores y un buen engagement, podrás monetizar tu cuenta a través de diversas fuentes de ingresos. Aquí te explico las principales:

1. **Afiliados y enlaces de referencia**:
    - Promociona productos o servicios con enlaces de afiliados.
    - Plataformas recomendadas: Amazon Associates, ShareASale, ClickBank.
    - Ejemplo: Si tienes una cuenta de fitness, promociona suplementos deportivos y gana una comisión por cada venta.

2. **Patrocinios y colaboraciones con marcas**:
    - Colabora con marcas para crear contenido patrocinado.
    - Ejemplo: Si tienes una cuenta de viajes, podrías colaborar con una marca de maletas.
    - Cómo conseguir patrocinios:
        - Contacta a marcas directamente (envía un correo o DM).

- Usa plataformas como **AspireIQ** o **Influence.co** para encontrar oportunidades.

3. **Venta de productos o servicios propios**:
   - Promociona tus propios productos (libros, cursos, merchandising).
   - Usa la sección "Tienda" de Instagram para mostrar tus productos.
   - Ejemplo: Si tienes una cuenta de cocina, podrías vender un libro de recetas.

4. **Donaciones**:
   - Usa la herramienta **Badges** en Instagram Live para recibir donaciones de tus seguidores.
   - Ejemplo: Si haces transmisiones en vivo sobre fitness, tus seguidores pueden apoyarte con donaciones.

## 4. Herramientas para analizar el rendimiento

Para maximizar tus ingresos, es importante analizar el rendimiento de tu cuenta y ajustar tus estrategias. Aquí te explico cómo hacerlo:

1. **Instagram Insights**:
   - Accede a **Instagram Insights** desde tu perfil.
   - Revisa métricas clave como:
     - **Alcance**: Cuántas personas han visto tu contenido.
     - **Impresiones**: Cuántas veces se ha mostrado tu contenido.
     - **Engagement**: Interacciones (likes, comentarios, guardados).

- **Demografía**: Edad, género y ubicación de tu audiencia.

2. **Herramientas externas**:
    - **Hootsuite**: Para programar publicaciones y analizar el rendimiento.
    - **Iconosquare**: Ofrece análisis detallados y sugerencias para mejorar.

**Conclusión del Capítulo 6**

En este capítulo, has aprendido cómo monetizar una cuenta de Instagram, desde el aumento de seguidores y engagement hasta la generación de ingresos a través de diversas fuentes. En el próximo capítulo, nos enfocaremos en estrategias integradas de marketing para Amazon, YouTube e Instagram.

# Capítulo 7: Estrategias integradas de marketing

**Objetivo:**

Aprender a integrar estrategias de marketing para Amazon, YouTube e Instagram, maximizando el alcance y los ingresos en las tres plataformas.

**1. Cómo usar Instagram y YouTube para promocionar libros en Amazon**

Promocionar tus libros en Amazon a través de Instagram y YouTube puede aumentar significativamente tus ventas. Aquí te explico cómo hacerlo:

1. **Instagram**:
   - **Publicaciones**: Comparte fotos atractivas de tu libro, incluyendo la portada y algunas páginas internas.
   - **Historias**: Usa historias para mostrar fragmentos del libro o testimonios de lectores.
   - **Reels**: Crea reels cortos y entretenidos sobre el tema del libro.
   - **Enlace**: Agrega el enlace de compra de Amazon en tu biografía y usa la función "Swipe Up" en las historias (si tienes más de 10,000 seguidores).
2. **YouTube**:
   - **Videos de reseñas**: Crea videos reseñando tu libro y explicando por qué los espectadores deberían comprarlo.
   - **Tutoriales**: Si tu libro es sobre un tema práctico (por ejemplo, cocina), crea tutoriales basados en el contenido del libro.
   - **Enlace**: Incluye el enlace de compra de Amazon en la descripción del video.
3. **Ejemplo práctico**:
   - Si escribiste un libro sobre "Ejercicios en casa", podrías crear un video de YouTube mostrando algunos ejercicios y promocionar el libro en Instagram con fotos y reels.

## 2. Creación de campañas cruzadas

Las campañas cruzadas te permiten promocionar tu contenido en múltiples plataformas, aumentando el alcance y la efectividad. Aquí te dejo algunas ideas:

1. **Promoción de videos de YouTube en Instagram**:
   - Comparte fragmentos de tus videos de YouTube en Instagram Reels y Stories.
   - Usa un llamado a la acción para que los seguidores vean el video completo en YouTube.
2. **Promoción de productos de Amazon en Instagram y YouTube**:
   - Crea contenido en Instagram y YouTube sobre los productos que vendes en Amazon.
   - Ejemplo: Si vendes libros, haz un unboxing en YouTube y comparte fotos en Instagram.
3. **Sorteos conjuntos**:
   - Organiza un sorteo en Instagram y YouTube, donde los participantes deben seguirte en ambas plataformas y comprar tu producto en Amazon.
   - Esto aumenta tu alcance y ventas.

### 3. Uso de email marketing para fidelizar a la audiencia

El email marketing es una herramienta poderosa para fidelizar a tu audiencia y promocionar tus productos. Aquí te explico cómo usarlo:

1. **Creación de una lista de correos**:
   - Usa herramientas como **Mailchimp** o **ConvertKit** para crear y gestionar tu lista de correos.
   - Ofrece un incentivo (por ejemplo, un capítulo gratis de tu libro) para que los usuarios se suscriban.

2. **Campañas de email**:
    - Envía correos regulares con contenido de valor (consejos, novedades, promociones).
    - Promociona tus productos de Amazon, videos de YouTube y contenido de Instagram.
3. **Ejemplo práctico**:
    - Si tienes un canal de YouTube sobre cocina, podrías enviar un correo semanal con recetas exclusivas y promocionar tu libro de recetas en Amazon.

**4. Estrategias de pago**

Si tienes un presupuesto, estas estrategias de pago pueden ayudarte a maximizar tus resultados:

1. **Publicidad integrada (Google Ads, Facebook Ads)**:
    - Crea campañas publicitarias en Google Ads y Facebook Ads para promocionar tus productos y contenido.
    - Ejemplo: Usa Google Ads para promocionar tu libro en Amazon y Facebook Ads para promocionar tus videos de YouTube.
2. **Uso de herramientas de automatización (Hootsuite, Buffer)**:
    - Usa herramientas como **Hootsuite** o **Buffer** para programar y gestionar tus publicaciones en redes sociales.
    - Esto te ahorra tiempo y asegura una presencia constante en todas las plataformas.

**Conclusión del Capítulo 7**

En este capítulo, has aprendido cómo integrar estrategias de marketing para Amazon, YouTube e Instagram, maximizando el alcance y los ingresos en las tres plataformas. En el próximo capítulo, nos enfocaremos en el análisis y ajustes para maximizar resultados.

## Capítulo 8: Análisis y ajustes para maximizar resultados

**Objetivo:**

Aprender a analizar el rendimiento de tus estrategias en Amazon, YouTube e Instagram, y realizar ajustes para maximizar tus resultados.

**1. Cómo interpretar métricas clave en Amazon KDP, YouTube Analytics e Instagram Insights**

Para mejorar tus resultados, es crucial entender y analizar las métricas clave en cada plataforma. Aquí te explico cómo hacerlo:

1. **Amazon KDP**:
    - **Ventas**: Revisa cuántas copias de tu libro se han vendido.
    - **Regalías**: Verifica cuánto estás ganando por cada venta.
    - **Páginas leídas**: Si tu libro está en Kindle Unlimited, revisa cuántas páginas se han leído.
    - **Reseñas**: Monitorea las reseñas de los lectores para identificar áreas de mejora.

2. **YouTube Analytics**:
   - **Visualizaciones**: Cuántas veces se han visto tus videos.
   - **Tiempo de visualización**: Cuánto tiempo pasan los usuarios viendo tus videos.
   - **Suscriptores**: Cuántos nuevos suscriptores has ganado.
   - **Fuentes de tráfico**: De dónde vienen tus espectadores (búsqueda, redes sociales, etc.).
3. **Instagram Insights**:
   - **Alcance**: Cuántas personas han visto tu contenido.
   - **Impresiones**: Cuántas veces se ha mostrado tu contenido.
   - **Engagement**: Interacciones (likes, comentarios, guardados).
   - **Demografía**: Edad, género y ubicación de tu audiencia.

## 2. Identificación de qué funciona y qué no

Una vez que tengas los datos, es importante identificar qué estrategias están funcionando y cuáles no. Aquí te dejo una guía paso a paso:

1. **Revisa las métricas**:
   - Compara el rendimiento de diferentes publicaciones, videos o campañas.
   - Identifica los contenidos con mayor alcance, engagement y conversiones.
2. **Analiza el feedback**:

- Lee los comentarios y mensajes de tu audiencia.
- Identifica patrones o sugerencias recurrentes.

3. **Ejemplo práctico**:
    - Si un video de YouTube tiene muchas visualizaciones, pero pocos suscriptores, podrías ajustar tu llamado a la acción para fomentar más suscripciones.

### 3. Ajustes en las estrategias de contenido y marketing

Basándote en el análisis, realiza ajustes para mejorar tus resultados. Aquí te dejo algunas ideas:

1. **Contenido**:
    - Crea más contenido similar al que tiene mejor rendimiento.
    - Experimenta con nuevos formatos (por ejemplo, reels en Instagram o videos más largos en YouTube).

2. **Marketing**:
    - Ajusta tus campañas publicitarias (por ejemplo, cambia las palabras clave o el público objetivo).
    - Prueba nuevas estrategias de promoción (por ejemplo, colaboraciones con otros creadores).

3. **Ejemplo práctico**:
    - Si un libro en Amazon tiene muchas páginas leídas pero pocas ventas, podrías ajustar el precio o mejorar la descripción para aumentar las conversiones.

### 4. Planificación a largo plazo para seguir creciendo

Para mantener el éxito a largo plazo, es importante planificar y seguir mejorando. Aquí te dejo algunos consejos:

1. **Establece metas a largo plazo:**
   - Define objetivos claros para los próximos 6 meses o 1 año.
   - Ejemplo: Alcanzar 10,000 suscriptores en YouTube o vender 1,000 copias de tu libro.
2. **Continúa aprendiendo:**
   - Mantente actualizado con las últimas tendencias y herramientas.
   - Toma cursos o asiste a webinars sobre marketing digital.
3. **Mantén la consistencia:**
   - Publica contenido regularmente en todas las plataformas.
   - Interactúa con tu audiencia y responde a sus comentarios.

## 5. Consejos finales para mantener la consistencia y la motivación

Mantener la consistencia y la motivación es clave para el éxito a largo plazo. Aquí te dejo algunos consejos:

1. **Crea un calendario de contenido:**
   - Planifica tus publicaciones con anticipación.
   - Usa herramientas como **Trello** o **Asana** para organizar tus tareas.
2. **Celebra los pequeños logros:**
   - Reconoce y celebra cada meta alcanzada (por ejemplo, 100 nuevos suscriptores o 50 ventas de tu libro).

3. **Busca apoyo**:
    - Únete a comunidades de creadores o grupos de Facebook relacionados con tu nicho.
    - Comparte tus experiencias y aprende de otros.

## Conclusión del Capítulo 8

En este capítulo, has aprendido cómo analizar el rendimiento de tus estrategias en Amazon, YouTube e Instagram, y realizar ajustes para maximizar tus resultados. Además, has establecido un plan a largo plazo para seguir creciendo y manteniendo la consistencia.

# Bibliografía Recomendada

**Autopublicación en Amazon**

1. **Kindle Direct Publishing (KDP) - Guía oficial de Amazon**
   - Disponible en: https://kdp.amazon.com
   - Descripción: La guía oficial de Amazon para autores que desean autopublicar sus libros en formato digital e impreso.

2. **"Let's Get Digital: How To Self-Publish, And Why You Should"** - David Gaughran
   - Disponible en: https://davidgaughran.com
   - Descripción: Un libro que explica los beneficios de la autopublicación y ofrece estrategias prácticas para vender más libros.

3. **"Self-Publishing on Amazon: The No-Fluff Beginners Guide to Publishing Ebooks & Paperbacks on KDP"** - Alex Foster
   - Disponible en: Amazon
   - Descripción: Una guía paso a paso para publicar libros en Amazon KDP, desde la creación de la cuenta hasta la promoción.

**Monetización en YouTube**

4. **YouTube Creator Academy**
   - Disponible en: https://creatoracademy.youtube.com
   - Descripción: Recursos oficiales de YouTube para creadores, incluyendo guías sobre monetización, SEO y crecimiento del canal.

5. **"YouTube Secrets: The Ultimate Guide to Growing Your Following and Making Money as a Video Influencer"** - Sean Cannell & Benji Travis

    - Disponible en: Amazon
    - Descripción: Estrategias comprobadas para crecer en YouTube y monetizar tu canal de manera efectiva.

6. **"Crushing It!: How Great Entrepreneurs Build Their Business and Influence—and How You Can, Too"** - Gary Vaynerchuk

    - Disponible en: Amazon
    - Descripción: Un libro inspirador que incluye estrategias para construir una marca personal y monetizar en plataformas como YouTube.

## Estrategias de Marketing en Instagram

7. **Instagram for Business - Guía oficial**

    - Disponible en: https://business.instagram.com
    - Descripción: Recursos oficiales de Instagram para empresas y creadores, incluyendo consejos sobre publicidad y crecimiento orgánico.

8. **"Instagram Marketing: Step-by-Step Strategies to Build Your Brand and Reach More Customers with Instagram"** - Eric Butow

    - Disponible en: Amazon
    - Descripción: Una guía completa para aprovechar Instagram como herramienta de marketing y monetización.

9. **"Influence: The Psychology of Persuasion"** - Robert B. Cialdini

- Disponible en: Amazon
- Descripción: Un clásico sobre cómo influir en las personas, aplicable a estrategias de marketing en redes sociales.

## Marketing Digital y SEO

10. **"Digital Marketing for Dummies"** - Ryan Deiss & Russ Henneberry
    - Disponible en: Amazon
    - Descripción: Una introducción completa al marketing digital, incluyendo SEO, redes sociales y publicidad en línea.

11. **"The Art of SEO: Mastering Search Engine Optimization"** - Eric Enge, Stephan Spencer, & Jessie Stricchiola
    - Disponible en: Amazon
    - Descripción: Una guía avanzada sobre SEO, útil para optimizar contenido en Amazon, YouTube y otras plataformas.

12. **Google Keyword Planner**
    - Disponible en: https://ads.google.com/intl/es_ES/home/tools/keyword-planner/
    - Descripción: Herramienta gratuita de Google para investigar palabras clave y planificar estrategias de SEO.

## Herramientas y Recursos Adicionales

13. **Canva**
    - Disponible en: https://www.canva.com

- Descripción: Herramienta gratuita para crear diseños atractivos, como portadas de libros, miniaturas de YouTube y publicaciones de Instagram.

14. **TubeBuddy**
    - Disponible en: https://www.tubebuddy.com
    - Descripción: Extensión para navegadores que ayuda a optimizar canales de YouTube con herramientas de SEO y análisis.

15. **Helium 10**
    - Disponible en: https://www.helium10.com
    - Descripción: Suite de herramientas para vendedores en Amazon, incluyendo investigación de palabras clave y análisis de competencia.

**Cómo citar estas fuentes en tu libro**

Puedes usar un formato estándar de citación como **APA** o **MLA**. Aquí te dejo un ejemplo en formato APA:

- Amazon. (s.f.). *Kindle Direct Publishing (KDP)*. Recuperado de https://kdp.amazon.com
- Gaughran, D. (2011). *Let's Get Digital: How To Self-Publish, And Why You Should.*
- Cannell, S., & Travis, B. (2018). *YouTube Secrets: The Ultimate Guide to Growing Your Following and Making Money as a Video Influencer.*
- Instagram. (s.f.). *Instagram for Business*. Recuperado de https://business.instagram.com
- Enge, E., Spencer, S., & Stricchiola, J. (2015). *The Art of SEO: Mastering Search Engine Optimization.*

# Monetización y Marketing en TikTok en 5 Pasos

## Descripción del Curso

Este curso te enseñará cómo **crear contenido atractivo**, **crecer tu audiencia** y **monetizar tu cuenta de TikTok** utilizando estrategias de marketing gratuitas y de pago. Aprenderás a aprovechar las herramientas de la plataforma, colaborar con marcas y generar ingresos sostenibles.

### Capítulo 1: Fundamentos de TikTok y Creación de Contenido Atractivo

**Objetivo:** Entender cómo funciona TikTok y crear contenido que resuene con tu audiencia.

1. **Introducción a TikTok:**
    - Breve historia de la plataforma.
    - Estadísticas clave (usuarios activos, alcance global, etc.).
    - ¿Por qué TikTok es una herramienta poderosa para monetizar?

2. **Creación de Contenido Viral:**
    - Tipos de contenido que funcionan en TikTok (humor, tutoriales, desafíos, etc.).
    - Cómo identificar tendencias y participar en ellas.
    - Uso de efectos, filtros y música para aumentar el engagement.

3. **Herramientas de Creación**:
   - Aplicaciones para editar videos (CapCut, InShot, etc.).
   - Cómo grabar y editar videos directamente en TikTok.
4. **Ejercicio Práctico**:
   - Crea un video de 15-30 segundos utilizando una tendencia actual.

**Capítulo 2: Crecimiento Orgánico y Estrategias Gratuitas**

**Objetivo: Aprender a crecer tu audiencia sin invertir en publicidad.**

1. **Optimización del Perfil**:
   - Cómo crear una biografía atractiva.
   - Uso de enlaces y llamadas a la acción (CTA).
   - Diseño de una foto de perfil y banner llamativos.
2. **Estrategias de Crecimiento Gratuitas**:
   - Uso de hashtags relevantes y populares.
   - Colaboraciones con otros creadores (duetos, stitches).
   - Participación en desafíos y tendencias virales.
3. **Interacción con la Comunidad**:
   - Cómo responder a comentarios y mensajes.
   - Uso de preguntas y encuestas en las historias.
   - Creación de una comunidad leal.
4. **Ejercicio Práctico**:
   - Publica 3 videos en una semana utilizando hashtags estratégicos y participa en un desafío viral.

## Capítulo 3: Monetización Directa en TikTok

**Objetivo:** Aprender a generar ingresos directamente desde TikTok.

1. **Programa de Recompensas de TikTok:**
    - Requisitos para unirte al programa.
    - Cómo ganar dinero con vistas y engagement.

2. **Donaciones y Regalos en Vivo:**
    - Cómo habilitar los regalos en TikTok Live.
    - Estrategias para atraer más espectadores a tus transmisiones en vivo.

3. **TikTok Creator Fund:**
    - Qué es y cómo aplicar.
    - Cómo maximizar tus ganancias con este programa.

4. **Ejercicio Práctico:**
    - Realiza una transmisión en vivo y promociona regalos entre tus seguidores.

## Capítulo 4: Estrategias de Marketing Pagas

**Objetivo:** Aprender a utilizar publicidad paga para crecer y monetizar.

1. **Anuncios en TikTok (TikTok Ads):**
    - Tipos de anuncios (in-feed, branded hashtags, etc.).
    - Cómo crear una campaña publicitaria efectiva.
    - Segmentación de audiencia y presupuesto.

2. **Colaboraciones Pagas con Marcas:**
    - Cómo contactar marcas para patrocinios.

- Tarifas y negociación de contratos.
- Creación de contenido patrocinado que resuene con tu audiencia.

3. **Uso de TikTok Shopping**:
   - Cómo vender productos directamente desde tu perfil.
   - Integración con tiendas en línea.

4. **Ejercicio Práctico**:
   - Crea un anuncio in-feed promocionando un producto o servicio.

**Capítulo 5: Analítica y Optimización Continua**

**Objetivo: Aprender a medir el rendimiento y ajustar estrategias.**

1. **Herramientas de Analítica de TikTok**:
   - Cómo acceder a TikTok Analytics.
   - Métricas clave a monitorear (vistas, engagement, seguidores, etc.).

2. **Optimización de Contenido**:
   - Cómo identificar qué contenido funciona mejor.
   - Ajustes basados en datos (horarios de publicación, tipos de videos, etc.).

3. **Estrategias a Largo Plazo**:
   - Cómo mantener el crecimiento y la monetización.
   - Diversificación de ingresos (merchandising, cursos, etc.).

4. **Ejercicio Práctico**:
    - Analiza las métricas de tus últimos 5 videos y realiza ajustes en tu estrategia de contenido.

**Recursos Adicionales**

- **Herramientas recomendadas**:
    - **Canva**: Para crear miniaturas y gráficos.
    - **TubeBuddy**: Para analizar tendencias y hashtags.
    - **Linktree**: Para agregar múltiples enlaces en tu perfil.
- **Bibliografía**:
    - Guía oficial de TikTok para creadores: https://www.tiktok.com/creators
    - "Crushing It!" de Gary Vaynerchuk (estrategias de redes sociales).

**Conclusión del Curso**

Al finalizar este curso, tendrás las herramientas necesarias para **crecer en TikTok, monetizar tu contenido** y **generar ingresos sostenibles** utilizando estrategias gratuitas y de pago. ¡Es hora de convertir tu creatividad en ganancias!

# Capítulo 1: Fundamentos de TikTok y Creación de Contenido Atractivo

**Objetivo del Capítulo**

Al finalizar este capítulo, los estudiantes serán capaces de:

1. Entender cómo funciona TikTok y su potencial para monetizar.
2. Crear contenido atractivo y viral utilizando las herramientas de la plataforma.
3. Identificar tendencias y participar en ellas para aumentar su visibilidad.

**1. Introducción a TikTok**

**1.1 Breve Historia de TikTok**

- TikTok fue lanzado en 2016 por la empresa china ByteDance.
- En 2018, se fusionó con Musical.ly, lo que le permitió expandirse globalmente.
- Hoy, TikTok tiene más de **1 billón de usuarios activos mensuales** y es una de las plataformas de redes sociales de más rápido crecimiento.

**1.2 Estadísticas Clave**

- **Audiencia global**: TikTok está disponible en más de 150 países.
- **Demografía**: La mayoría de los usuarios tienen entre 16 y 34 años, pero la plataforma está ganando popularidad entre audiencias mayores.
- **Tiempo de uso**: Los usuarios pasan un promedio de **52 minutos al día** en la aplicación.

## 1.3 ¿Por qué TikTok es una Herramienta Poderosa para Monetizar?

- **Alcance masivo**: TikTok permite llegar a una audiencia global de manera rápida y orgánica.
- **Algoritmo inteligente**: El algoritmo de TikTok favorece el contenido creativo y relevante, independientemente del número de seguidores.
- **Oportunidades de monetización**: Desde el **TikTok Creator Fund** hasta colaboraciones con marcas, TikTok ofrece múltiples formas de generar ingresos.

## 2. Creación de Contenido Viral

### 2.1 Tipos de Contenido que Funcionan en TikTok

- **Humor**: Los videos divertidos y memes suelen ser los más compartidos.
- **Tutoriales**: Contenido educativo que resuelve problemas o enseña habilidades.
- **Desafíos**: Participar en desafíos virales puede aumentar tu visibilidad.
- **Historias personales**: Contenido auténtico que conecta emocionalmente con la audiencia.
- **Contenido de nicho**: Enfócate en un tema específico (ejemplo: fitness, cocina, tecnología).

### 2.2 Cómo Identificar Tendencias

- **Explora la sección "Para Ti"**: Observa qué tipos de videos están siendo promocionados.
- **Usa la búsqueda de hashtags**: Busca hashtags populares como #TikTokTrend o #Viral.

- **Sigue a creadores populares**: Analiza qué contenido están publicando y cómo lo hacen.

## 2.3 Uso de Efectos, Filtros y Música

- **Efectos y filtros**: TikTok ofrece una amplia variedad de efectos que pueden hacer que tus videos sean más atractivos.

- **Música**: Usa canciones populares o sonidos virales para aumentar las posibilidades de que tu video sea visto.

- **Consejo**: Siempre verifica los derechos de autor si planeas monetizar tu contenido.

## 3. Herramientas de Creación

### 3.1 Aplicaciones para Editar Videos

- **CapCut**: Una aplicación gratuita y fácil de usar para editar videos con efectos profesionales.

- **InShot**: Ideal para agregar texto, transiciones y música a tus videos.

- **Canva**: Para crear miniaturas y gráficos que complementen tu contenido.

### 3.2 Cómo Grabar y Editar Videos Directamente en TikTok

- **Grabación**: Usa la cámara de TikTok para grabar videos cortos (15-60 segundos).

- **Edición**: Añade efectos, texto y música directamente en la aplicación.

- **Consejo**: Mantén los videos dinámicos y evita tiempos muertos para retener la atención de los espectadores.

## 4. Ejercicio Práctico

**Instrucciones:**

1. **Elige una tendencia actual**: Busca un desafío o hashtag popular en TikTok.
2. **Crea un video de 15-30 segundos**: Utiliza efectos, música y edición para hacerlo atractivo.
3. **Publica el video**: Asegúrate de usar hashtags relevantes y una descripción llamativa.
4. **Analiza los resultados**: Revisa cuántas vistas, likes y comentarios obtiene tu video.

**Ejemplo de Tarea:**

- Participa en el desafío **#LearnOnTikTok** creando un video educativo sobre un tema que domines (ejemplo: "Cómo editar videos en CapCut en 30 segundos").

---

## 5. Preguntas de Reflexión

1. ¿Qué tipo de contenido crees que resuena más con tu audiencia objetivo?
2. ¿Cómo puedes adaptar las tendencias actuales de TikTok a tu nicho?
3. ¿Qué herramientas de edición te resultan más útiles y por qué?

**Recursos Adicionales**

- **Guía oficial de TikTok para creadores**: https://www.tiktok.com/creators
- **Lista de canciones virales en TikTok**: https://www.tiktok.com/music

- **Canva**: https://www.canva.com

**Conclusión del Capítulo**

En este capítulo, has aprendido los fundamentos de TikTok y cómo crear contenido atractivo que resuene con tu audiencia. En el próximo capítulo, exploraremos estrategias gratuitas para **crecer tu audiencia** y aumentar tu visibilidad en la plataforma.

# Capítulo 2: Crecimiento Orgánico y Estrategias Gratuitas

**Objetivo del Capítulo**

Al finalizar este capítulo, los estudiantes serán capaces de:

1. Optimizar su perfil de TikTok para atraer más seguidores.
2. Utilizar estrategias gratuitas para aumentar su alcance y engagement.
3. Construir una comunidad leal y comprometida.

**1. Optimización del Perfil**

**1.1 Cómo Crear una Biografía Atractiva**

- **Sé claro y conciso**: Usa un lenguaje que refleje tu personalidad y nicho.
    - Ejemplo: "✨ Amante de la cocina saludable | Recetas fáciles y rápidas 🥑".
- **Incluye un CTA (llamada a la acción)**: Invita a los usuarios a seguirte o visitar tu enlace.
    - Ejemplo: "¡Sígueme para más tips de fitness! 💪".

## 1.2 Uso de Enlaces y Llamadas a la Acción

- **Enlace en la biografía**: Si tienes más de 1,000 seguidores, puedes agregar un enlace a tu sitio web, tienda en línea o redes sociales.
    - Herramientas recomendadas: **Linktree** o **Taplink** para agregar múltiples enlaces.
- **CTA en los videos**: Invita a los usuarios a seguirte, comentar o compartir tus videos.

## 1.3 Diseño de una Foto de Perfil y Banner Llamativos

- **Foto de perfil**: Usa una imagen clara y profesional que refleje tu marca personal.
- **Banner**: Si tienes una cuenta de negocio, personaliza el banner con colores y mensajes que representen tu contenido.

# 2. Estrategias de Crecimiento Gratuitas

## 2.1 Uso de Hashtags Relevantes y Populares

- **Investiga hashtags**: Usa herramientas como **TikTok Search** o **Hashtag Expert** para encontrar hashtags populares en tu nicho.
- **Mezcla hashtags**: Combina hashtags populares (#ParaTi, #Viral) con hashtags específicos de tu nicho (#FitnessTips, #RecetasSaludables).
- **Cantidad recomendada**: Usa entre 3 y 5 hashtags por video para no saturar la descripción.

## 2.2 Colaboraciones con Otros Creadores

- **Duetos**: Crea videos en colaboración con otros creadores utilizando la función "Dueto".

- **Stitches**: Responde a videos de otros usuarios con la función "Stitch".
- **Beneficios**: Las colaboraciones te permiten llegar a nuevas audiencias y aumentar tu visibilidad.

## 2.3 Participación en Desafíos y Tendencias Virales

- **Identifica tendencias**: Revisa la sección "Para Ti" y busca desafíos populares.
- **Adapta las tendencias a tu nicho**: Por ejemplo, si eres un creador de fitness, participa en un desafío de baile con un enfoque en ejercicios.
- **Consejo**: Sé creativo y agrega tu propio estilo para destacar.

## 3. Interacción con la Comunidad

## 3.1 Cómo Responder a Comentarios y Mensajes

- **Sé activo**: Responde a los comentarios en tus videos para fomentar la interacción.
- **Mensajes directos**: Si recibes preguntas o comentarios positivos, responde de manera amable y profesional.

## 3.2 Uso de Preguntas y Encuestas en las Historias

- **Historias de TikTok**: Usa la función "Preguntas" o "Encuestas" para interactuar con tu audiencia.
  - Ejemplo: "¿Qué receta te gustaría ver en mi próximo video? 🔍".
- **Beneficios**: Las interacciones aumentan el engagement y ayudan a construir una comunidad leal.

## 3.3 Creación de una Comunidad Leal

- **Reconoce a tus seguidores**: Menciona a los usuarios que comentan o comparten tus videos.

- **Contenido exclusivo**: Crea videos especiales para tus seguidores más comprometidos.
- **Consejo**: Sé auténtico y muestra tu personalidad para conectar emocionalmente con tu audiencia.

## 4. Ejercicio Práctico

**Instrucciones:**

1. **Optimiza tu perfil**: Actualiza tu biografía, foto de perfil y enlace.
2. **Publica 3 videos en una semana**: Utiliza hashtags estratégicos y participa en un desafío viral.
3. **Interactúa con tu audiencia**: Responde a los comentarios y mensajes directos.
4. **Analiza los resultados**: Revisa cuántas vistas, likes y comentarios obtienen tus videos.

**Ejemplo de Tarea:**

- Participa en el desafío **#TikTokFoodie** creando un video de una receta rápida y fácil. Usa hashtags como #RecetasRápidas, #CocinaFácil y #TikTokFoodie.

## 5. Preguntas de Reflexión

1. ¿Qué hashtags son más relevantes para tu nicho y cómo puedes utilizarlos estratégicamente?
2. ¿Cómo puedes adaptar las tendencias actuales de TikTok a tu contenido?
3. ¿Qué estrategias de interacción te han funcionado mejor para construir una comunidad leal?

**Recursos Adicionales**

- **Guía oficial de TikTok para creadores**: https://www.tiktok.com/creators
- **Herramienta de búsqueda de hashtags**: https://www.tiktok.com/tag
- **Linktree**: https://linktr.ee

**Conclusión del Capítulo**

En este capítulo, has aprendido a **optimizar tu perfil**, utilizar **estrategias gratuitas** para crecer en TikTok y **construir una comunidad leal**. En el próximo capítulo, exploraremos cómo **monetizar tu cuenta de TikTok** a través de programas y herramientas de la plataforma.

# Capítulo 3: Monetización Directa en TikTok

**Objetivo del Capítulo**

Al finalizar este capítulo, los estudiantes serán capaces de:

1. Entender las diferentes formas de monetización directa en TikTok.
2. Aprender a ganar dinero con vistas, regalos en vivo y el TikTok Creator Fund.
3. Aplicar estrategias para maximizar sus ingresos en la plataforma.

**1. Programa de Recompensas de TikTok**

**1.1 ¿Qué es el Programa de Recompensas?**

- Es una iniciativa de TikTok que permite a los creadores ganar dinero basado en el **engagement** (vistas, likes, comentarios) de sus videos.
- Está disponible en ciertos países y tiene requisitos específicos para unirse.

**1.2 Requisitos para Unirse**

- **Edad**: Debes tener al menos 18 años.
- **Seguidores**: Mínimo 10,000 seguidores.
- **Vistas**: Al menos 100,000 vistas en los últimos 30 días.
- **Cumplimiento de políticas**: Tu cuenta debe seguir las normas de la comunidad de TikTok.

**1.3 Cómo Ganar Dinero con el Programa de Recompensas**

- **Vistas**: Ganas puntos por cada 1,000 vistas en tus videos.
- **Engagement**: Los likes, comentarios y shares también contribuyen a tus ganancias.
- **Retiros**: Puedes retirar tus ganancias a través de PayPal o transferencia bancaria.

**1.4 Consejos para Maximizar tus Ganancias**

- Publica contenido de alta calidad y consistentemente.
- Participa en tendencias virales para aumentar tus vistas.
- Interactúa con tu audiencia para fomentar más engagement.

**2. Donaciones y Regalos en Vivo**

**2.1 ¿Qué son los Regalos en TikTok Live?**

- Los regalos son **objetos virtuales** que los espectadores pueden comprar y enviar durante tus transmisiones en vivo.

- Cada regalo tiene un valor en **monedas TikTok**, que luego puedes convertir en dinero real.

## 2.2 Cómo Habilitar los Regalos en TikTok Live

1. **Verifica tu cuenta**: Asegúrate de tener una cuenta verificada o cumplir con los requisitos de TikTok.

2. **Habilita TikTok Live**: Ve a la sección de configuración y activa la opción de transmisiones en vivo.

3. **Recibe regalos**: Durante tus transmisiones, los espectadores podrán enviarte regalos.

## 2.3 Estrategias para Atraer Más Espectadores a tus Lives

- **Promoción**: Anuncia tus transmisiones en tus videos y redes sociales.

- **Interacción**: Responde preguntas y agradece los regalos en tiempo real.

- **Temática**: Elige temas interesantes o haz Q&A (preguntas y respuestas) para mantener a la audiencia comprometida.

## 2.4 Conversión de Regalos a Dinero

- **Monedas TikTok**: Los regalos se convierten en monedas, que luego puedes cambiar por dinero.

- **Tasa de conversión**: 100 monedas TikTok = aproximadamente $1 USD (varía según la región).

# 3. TikTok Creator Fund

## 3.1 ¿Qué es el TikTok Creator Fund?

- Es un programa que paga a los creadores por su contenido basado en el rendimiento (vistas y engagement).

- Está diseñado para apoyar a los creadores y fomentar la producción de contenido de calidad.

### 3.2 Requisitos para Aplicar

- **Edad**: Debes tener al menos 18 años.
- **Seguidores**: Mínimo 10,000 seguidores.
- **Vistas**: Al menos 100,000 vistas en los últimos 30 días.
- **Cumplimiento de políticas**: Tu cuenta debe seguir las normas de la comunidad de TikTok.

### 3.3 Cómo Maximizar tus Ganancias con el Creator Fund

- **Publica contenido consistentemente**: Cuanto más contenido publiques, más oportunidades tendrás de ganar.
- **Enfócate en el engagement**: Los videos con alto engagement (likes, comentarios, shares) generan más ingresos.
- **Participa en tendencias**: Los videos virales suelen tener más vistas y, por lo tanto, más ganancias.

### 3.4 Limitaciones del Creator Fund

- **Pagos variables**: Las ganancias dependen del rendimiento de tus videos, por lo que pueden variar mes a mes.
- **Disponibilidad**: No está disponible en todos los países.

## 4. Ejercicio Práctico

**Instrucciones:**

1. **Habilita TikTok Live**: Si cumples con los requisitos, activa la opción de transmisiones en vivo en tu cuenta.
2. **Realiza una transmisión en vivo**: Elige un tema interesante (ejemplo: Q&A sobre tu nicho o un tutorial rápido).
3. **Promociona tu live**: Comparte la fecha y hora de tu transmisión en tus redes sociales y videos de TikTok.

4. **Interactúa con tu audiencia**: Responde preguntas y agradece los regalos en tiempo real.
5. **Analiza los resultados**: Revisa cuántos regalos recibiste y cuánto dinero ganaste.

**Ejemplo de Tarea:**

- Realiza una transmisión en vivo de 15-20 minutos sobre un tema que domines (ejemplo: "Consejos para crecer en TikTok") y promociona regalos entre tus seguidores.

**5. Preguntas de Reflexión**

1. ¿Qué tipo de contenido crees que generaría más engagement en tus transmisiones en vivo?
2. ¿Cómo puedes fomentar que tus seguidores envíen regalos durante tus lives?
3. ¿Qué estrategias podrías implementar para maximizar tus ganancias con el TikTok Creator Fund?

**Recursos Adicionales**

- **Guía oficial de TikTok Live**: https://www.tiktok.com/creators
- **Lista de países donde está disponible el TikTok Creator Fund**: https://www.tiktok.com/creators
- **Canva**: Para crear gráficos promocionales para tus transmisiones en vivo. https://www.canva.com

**Conclusión del Capítulo**

En este capítulo, has aprendido las **formas directas de monetización en TikTok**, incluyendo el **Programa de Recompensas, donaciones en vivo** y el **TikTok Creator Fund**. En el próximo capítulo, exploraremos **estrategias de marketing pagas** para crecer y monetizar tu cuenta.

## Capítulo 4: Estrategias de Marketing Pagas en TikTok

**Objetivo del Capítulo**

Al finalizar este capítulo, los estudiantes serán capaces de:

1. Utilizar **TikTok Ads** para promocionar su contenido y productos.
2. Colaborar con marcas para generar ingresos a través de patrocinios.
3. Aprovechar **TikTok Shopping** para vender productos directamente desde su perfil.

**1. Anuncios en TikTok (TikTok Ads)**

**1.1 Tipos de Anuncios en TikTok**

- **In-Feed Ads**: Anuncios que aparecen en el feed de los usuarios mientras navegan.
    - Duración: 9-15 segundos.
    - Ideal para promocionar productos o servicios.
- **Branded Hashtag Challenges**: Anuncios que invitan a los usuarios a participar en un desafío patrocinado.
    - Ejemplo: #NikeChallenge para promocionar zapatillas.
- **Branded Effects**: Anuncios que incluyen efectos personalizados (filtros, stickers, etc.).
    - Ideal para aumentar el engagement y la interacción.

- **TopView Ads**: Anuncios que aparecen al abrir la aplicación.
    - Duración: Hasta 60 segundos.
    - Perfecto para generar un impacto inmediato.

### 1.2 Cómo Crear una Campaña Publicitaria Efectiva

1. **Define tus objetivos**:
    - Aumentar seguidores.
    - Generar ventas.
    - Promocionar un producto o servicio.
2. **Selecciona el tipo de anuncio**: Elige el formato que mejor se adapte a tus objetivos.
3. **Segmenta tu audiencia**:
    - Edad, género, ubicación, intereses.
    - Usa datos de TikTok Analytics para afinar la segmentación.
4. **Establece un presupuesto**:
    - Comienza con un presupuesto pequeño y ajusta según los resultados.
5. **Crea contenido atractivo**:
    - Usa música popular, efectos visuales y un mensaje claro.
    - Asegúrate de que el video sea dinámico y capture la atención en los primeros segundos.

### 1.3 Ejemplo de Campaña

- **Objetivo**: Promocionar un nuevo producto (ejemplo: un curso online).

- **Tipo de anuncio**: In-Feed Ad.
- **Audiencia**: Mujeres de 25-35 años interesadas en educación y emprendimiento.
- **Presupuesto**: $100 por 7 días.
- **Resultados esperados**: Aumentar las ventas del curso en un 20%.

## 2. Colaboraciones Pagas con Marcas

### 2.1 Cómo Contactar Marcas para Patrocinios

1. **Crea un portafolio**:
   - Incluye estadísticas de tu cuenta (seguidores, engagement rate, etc.).
   - Muestra ejemplos de contenido patrocinado que hayas creado.

2. **Investiga marcas relevantes**:
   - Busca marcas que se alineen con tu nicho y valores.
   - Usa herramientas como **Influence.co** o **Upfluence** para encontrar oportunidades.

3. **Envía un correo profesional**:
   - Presenta tu perfil y propón ideas de colaboración.
   - Ejemplo: "Hola [Nombre de la marca], soy [Tu nombre], un creador de TikTok con X seguidores. Me encantaría colaborar con ustedes para promocionar [Producto] a través de un video creativo."

### 2.2 Tarifas y Negociación de Contratos

- **Tarifas**: Dependen de tu alcance y engagement rate.

- Microinfluencers (10k-50k seguidores): 50-50-500 por publicación.
- Influencers medianos (50k-500k seguidores): 500-500-5,000 por publicación.
- Macroinfluencers (500k+ seguidores): $5,000+ por publicación.

- **Negociación**:
    - Define claramente las expectativas (número de videos, plazos, etc.).
    - Incluye cláusulas de exclusividad si es necesario.

### 2.3 Creación de Contenido Patrocinado

- **Mantén la autenticidad**: El contenido debe sentirse natural y no forzado.
- **Incluye un CTA claro**: Invita a los espectadores a visitar el sitio web o comprar el producto.
- **Ejemplo**: Un video mostrando cómo usar un producto en la vida diaria, seguido de un enlace en la biografía.

## 3. Uso de TikTok Shopping

### 3.1 ¿Qué es TikTok Shopping?

- Una herramienta que permite a los creadores y marcas vender productos directamente desde su perfil.
- Integración con tiendas en línea como Shopify, WooCommerce, etc.

### 3.2 Cómo Configurar TikTok Shopping

1. **Vincula tu tienda en línea**:

- Conecta tu cuenta de TikTok con tu plataforma de e-commerce.

2. **Crea un catálogo de productos**:
   - Sube imágenes, descripciones y precios de tus productos.

3. **Habilita la función de compras**:
   - Añade enlaces de compra a tus videos y transmisiones en vivo.

### 3.3 Estrategias para Vender en TikTok

- **Demostraciones de productos**: Muestra cómo usar el producto en situaciones reales.
- **Ofertas exclusivas**: Promociona descuentos o lanzamientos especiales.
- **Transmisiones en vivo**: Realiza un unboxing o responde preguntas en tiempo real.

### 3.4 Ejemplo de Uso

- **Producto**: Una línea de ropa sostenible.
- **Estrategia**: Publica videos mostrando cómo combinar las prendas y ofrece un código de descuento del 10% para los seguidores de TikTok.

## 4. Ejercicio Práctico

**Instrucciones:**

1. **Crea una campaña publicitaria en TikTok Ads**:
   - Define un objetivo (ejemplo: aumentar seguidores o ventas).

- Selecciona el tipo de anuncio y segmenta tu audiencia.
- Establece un presupuesto y publica el anuncio.

2. **Contacta a una marca para una colaboración**:
   - Investiga una marca que se alinee con tu nicho.
   - Envía un correo proponiendo una colaboración.

3. **Configura TikTok Shopping**:
   - Si tienes un producto, vincula tu tienda en línea y publica un video promocional.

**Ejemplo de Tarea:**

- Realiza una transmisión en vivo promocionando un producto y utiliza TikTok Shopping para dirigir a los espectadores a la página de compra.

## 5. Preguntas de Reflexión

1. ¿Qué tipo de anuncio en TikTok crees que sería más efectivo para tu nicho?
2. ¿Cómo puedes asegurarte de que el contenido patrocinado sea auténtico y atractivo para tu audiencia?
3. ¿Qué productos o servicios podrías promocionar a través de TikTok Shopping?

## Recursos Adicionales

- **Guía oficial de TikTok Ads**: https://ads.tiktok.com
- **Influence.co**: Plataforma para encontrar colaboraciones con marcas. https://influence.co

- **Shopify**: Para integrar tu tienda en TikTok Shopping. https://www.shopify.com

**Conclusión del Capítulo**

En este capítulo, has aprendido a utilizar **estrategias de marketing pagas** en TikTok, desde la creación de anuncios hasta colaboraciones con marcas y ventas directas a través de TikTok Shopping. En el próximo capítulo, exploraremos cómo **analizar y optimizar** tu rendimiento en la plataforma.

# Capítulo 5: Analítica y Optimización Continua

**Objetivo del Capítulo**

Al finalizar este capítulo, los estudiantes serán capaces de:

1. Utilizar las herramientas de analítica de TikTok para medir el rendimiento de su contenido.
2. Identificar qué tipo de contenido funciona mejor y ajustar sus estrategias basándose en datos.
3. Implementar estrategias a largo plazo para mantener el crecimiento y la monetización.

**1. Herramientas de Analítica de TikTok**

**1.1 Cómo Acceder a TikTok Analytics**

- **Requisitos**: Debes tener una cuenta de TikTok **Pro** (gratuita) para acceder a las métricas.
- **Pasos para activar TikTok Pro**:
    1. Ve a tu perfil y haz clic en los tres puntos en la esquina superior derecha.

2. Selecciona "Gestionar cuenta" y luego "Cambiar a cuenta Pro".
3. Elige entre "Cuenta de creador" o "Cuenta de negocio".

### 1.2 Métricas Clave a Monitorear

- **Vistas**: Número total de veces que se ha visto tu video.
- **Tasa de engagement**: Interacciones (likes, comentarios, compartidos) en relación con las vistas.
- **Crecimiento de seguidores**: Cuántos seguidores nuevos has ganado en un período determinado.
- **Tiempo de visualización**: Cuánto tiempo pasan los usuarios viendo tus videos.
- **Demografía**: Edad, género y ubicación de tu audiencia.

### 1.3 Cómo Interpretar los Datos

- **Videos más populares**: Identifica qué videos tienen más vistas y engagement para replicar su éxito.
- **Horarios óptimos**: Revisa cuándo tu audiencia está más activa y programa publicaciones en esos momentos.
- **Audiencia objetivo**: Ajusta tu contenido según la demografía de tus seguidores.

## 2. Optimización de Contenido

### 2.1 Identificar qué Contenido Funciona Mejor

- **Revisa TikTok Analytics**: Filtra tus videos por vistas, likes y comentarios para identificar patrones.
- **Pruebas A/B**: Publica dos versiones de un video con pequeños cambios (ejemplo: diferente música o título) y compara los resultados.

## 2.2 Ajustes Basados en Datos

- **Horarios de publicación**: Publica en los horarios en los que tu audiencia está más activa.
- **Tipos de contenido**: Si los tutoriales tienen más engagement que los videos de humor, enfócate en crear más tutoriales.
- **Duración del video**: Experimenta con videos más cortos o más largos para ver qué funciona mejor.

## 2.3 Uso de Hashtags y Descripciones

- **Hashtags relevantes**: Usa hashtags que estén relacionados con tu contenido y sean populares.
- **Descripciones atractivas**: Escribe descripciones que inviten a la interacción (ejemplo: "¿Qué opinas de este truco? ¡Déjame tu comentario!").

# 3. Estrategias a Largo Plazo

## 3.1 Mantener el Crecimiento

- **Consistencia**: Publica contenido regularmente para mantener a tu audiencia comprometida.
- **Colaboraciones**: Sigue colaborando con otros creadores para llegar a nuevas audiencias.
- **Tendencias**: Mantente al día con las últimas tendencias y participa en ellas.

## 3.2 Diversificación de Ingresos

- **Merchandising**: Crea y vende productos relacionados con tu marca (ejemplo: camisetas, tazas).
- **Cursos y talleres**: Ofrece cursos en línea o talleres sobre temas que domines.

- **Afiliados**: Promociona productos de otras marcas y gana comisiones por ventas.

### 3.3 Construcción de una Comunidad Leal

- **Interacción constante**: Responde a comentarios y mensajes para fomentar la lealtad.
- **Contenido exclusivo**: Ofrece contenido exclusivo a tus seguidores más leales (ejemplo: detrás de cámaras o videos especiales).
- **Eventos en vivo**: Realiza transmisiones en vivo para conectar directamente con tu audiencia.

## 4. Ejercicio Práctico

**Instrucciones:**

1. **Revisa TikTok Analytics**: Accede a TikTok Analytics y revisa las métricas de tus últimos 5 videos.
2. **Identifica patrones**: ¿Qué tipo de contenido tiene más engagement? ¿En qué horarios publicaste esos videos?
3. **Realiza ajustes**: Basándote en los datos, realiza cambios en tu estrategia de contenido (ejemplo: publica más videos del tipo que funciona mejor).
4. **Publica y monitorea**: Publica un nuevo video con los ajustes realizados y monitorea su rendimiento.

**Ejemplo de Tarea:**

- Crea un video basado en el contenido que ha tenido más engagement en tu cuenta. Publica en el horario en el que tu audiencia está más activa y usa hashtags relevantes. Luego, compara los resultados con videos anteriores.

## 5. Preguntas de Reflexión

1. ¿Qué métricas consideras más importantes para medir el éxito de tu contenido en TikTok?
2. ¿Cómo puedes usar los datos de TikTok Analytics para mejorar tu estrategia de contenido?
3. ¿Qué estrategias a largo plazo planeas implementar para mantener el crecimiento de tu cuenta?

## Recursos Adicionales

- **Guía oficial de TikTok Analytics**: https://www.tiktok.com/creators
- **Herramientas de análisis de hashtags**: https://www.trendsmap.com
- **Canva**: Para crear gráficos y presentaciones de tus métricas. https://www.canva.com

## Conclusión del Capítulo

En este capítulo, has aprendido a utilizar las herramientas de analítica de TikTok para medir el rendimiento de tu contenido y ajustar tus estrategias basándote en datos. Además, has explorado estrategias a largo plazo para mantener el crecimiento y la monetización de tu cuenta. ¡Es hora de poner en práctica lo aprendido y seguir creciendo en TikTok!

## Herramientas Recomendadas

### 1. Canva

- **Descripción**: Canva es una herramienta gratuita y fácil de usar para crear **miniaturas, gráficos y diseños visuales** atractivos.
- **Uso en TikTok**:
    - Crear miniaturas llamativas para tus videos.
    - Diseñar banners y gráficos para tu perfil.
    - Elaborar presentaciones de métricas y resultados.
- **Enlace**: https://www.canva.com

### 2. TubeBuddy

- **Descripción**: TubeBuddy es una extensión para navegadores que ayuda a **analizar tendencias, hashtags y métricas** en plataformas como YouTube y TikTok.
- **Uso en TikTok**:
    - Identificar hashtags populares y relevantes.
    - Analizar el rendimiento de tus videos y compararlos con la competencia.
    - Optimizar tus descripciones y etiquetas.
- **Enlace**: https://www.tubebuddy.com

### 3. Linktree

- **Descripción**: Linktree es una herramienta que te permite agregar **múltiples enlaces en tu perfil** de TikTok (o cualquier otra red social).
- **Uso en TikTok**:

- - o   Compartir enlaces a tus redes sociales, tienda en línea, blog o contenido exclusivo.
  - o   Dirigir tráfico a tus otras plataformas de monetización.
- **Enlace**: https://linktr.ee

# Bibliografía

**1. Guía Oficial de TikTok para Creadores**

- **Descripción**: La guía oficial de TikTok ofrece consejos, tutoriales y recursos para **crecer y monetizar** tu cuenta.
- **Temas cubiertos**:
  - o   Cómo crear contenido atractivo.
  - o   Estrategias para aumentar el engagement.
  - o   Herramientas de analítica y monetización.
- **Enlace**: https://www.tiktok.com/creators

**2. "Crushing It!" de Gary Vaynerchuk**

- **Descripción**: Este libro es un clásico para aprender a **construir una marca personal** y monetizar en redes sociales.
- **Temas cubiertos**:
  - o   Estrategias para crecer en plataformas como TikTok, Instagram y YouTube.
  - o   Cómo conectar con tu audiencia de manera auténtica.
  - o   Casos de éxito de emprendedores digitales.

- **Dónde comprar**: Disponible en Amazon y librerías principales.

## 3. "Influencer: Building Your Personal Brand in the Age of Social Media" de Brittany Hennessy

- **Descripción**: Un libro práctico que enseña cómo convertirse en un **influencer exitoso** y colaborar con marcas.
- **Temas cubiertos**:
    - Cómo construir una audiencia leal.
    - Estrategias para monetizar tu contenido.
    - Consejos para negociar con marcas.
- **Dónde comprar**: Disponible en Amazon y librerías principales.

## 4. "Contagious: How to Build Word of Mouth in the Digital Age" de Jonah Berger

- **Descripción**: Este libro explora la ciencia detrás del **contenido viral** y cómo aplicarla en redes sociales como TikTok.
- **Temas cubiertos**:
    - Los 6 principios del contenido viral.
    - Cómo crear historias que la gente quiera compartir.
    - Estrategias para aumentar el alcance orgánico.
- **Dónde comprar**: Disponible en Amazon y librerías principales.

**Recursos en Línea**

**1. TikTok Music**

- **Descripción**: Una lista de canciones y sonidos virales que puedes usar en tus videos.
- **Enlace**: https://www.tiktok.com/music

2. **Trendsmap**

    - **Descripción**: Herramienta para analizar **tendencias y hashtags** en tiempo real.
    - **Enlace**: https://www.trendsmap.com

3. **Social Media Examiner**

    - **Descripción**: Un blog con artículos y tutoriales sobre **marketing en redes sociales**, incluyendo TikTok.
    - **Enlace**: https://www.socialmediaexaminer.com

## Conclusión de Recursos Adicionales

Estas herramientas y recursos te ayudarán a **optimizar tu contenido, analizar tu rendimiento** y **aprender de expertos** en el campo del marketing digital. Utilízalos para complementar lo aprendido en el curso y llevar tu cuenta de TikTok al siguiente nivel.

## Reflexión

Antes de comenzar con el cuestionario, te invitamos a reflexionar sobre lo que has aprendido a lo largo de este libro. Las siguientes preguntas están diseñadas para ayudarte a evaluar tu comprensión de los conceptos clave y a identificar áreas en las que puedas profundizar. Tómate tu tiempo para responder cada pregunta y, si es necesario, revisa los capítulos correspondientes para refrescar tus conocimientos.

## Aplicación Práctica

Este cuestionario no solo es una herramienta para evaluar tu aprendizaje, sino también una guía para que comiences a aplicar lo aprendido en tus propias cuentas de **Amazon, YouTube, Instagram y TikTok**. Te recomendamos que, después de responder las preguntas, elabores un plan de acción concreto para implementar las estrategias que más se adapten a tus objetivos. Recuerda que la práctica es la clave del éxito en el mundo digital.

## Cuestionario de Evaluación

A continuación, encontrarás 30 preguntas fundamentales que cubren todos los aspectos clave de la monetización en redes sociales. Responde cada una de ellas con honestidad y utiliza tus respuestas como punto de partida para mejorar tu estrategia.

# Cuestionario de Evaluación

**Sección 1: Fundamentos de Monetización**

1. ¿Cuáles son las cuatro plataformas principales para monetizar en línea según este libro?
2. ¿Qué es el **TikTok Creator Fund** y cómo puedes unirte?
3. ¿Cuáles son los requisitos para monetizar un canal de YouTube?
4. ¿Qué es el **Programa de Socios de Amazon (KDP)** y cómo funciona?
5. ¿Por qué es importante elegir un nicho específico al crear contenido?

**Sección 2: Creación de Contenido**

6. ¿Qué tipos de contenido suelen ser más virales en TikTok?
7. ¿Cómo puedes identificar tendencias populares en redes sociales?
8. ¿Qué herramientas de edición de video recomienda el autor para crear contenido atractivo?
9. ¿Por qué es importante usar música y efectos en tus videos de TikTok?
10. ¿Cómo puedes optimizar las miniaturas de tus videos de YouTube para aumentar el clic rate?

**Sección 3: Estrategias Gratuitas**

11. ¿Qué son los hashtags y por qué son importantes en Instagram y TikTok?
12. ¿Cómo puedes usar colaboraciones (duetos y stitches) para crecer en TikTok?

13. ¿Qué estrategias puedes usar para aumentar el engagement en tus publicaciones de Instagram?

14. ¿Cómo puedes aprovechar los desafíos virales en TikTok para ganar visibilidad?

15. ¿Qué es el **SEO en YouTube** y cómo puedes optimizar tus videos?

## Sección 4: Monetización Directa

16. ¿Cómo puedes ganar dinero con **TikTok Live** y los regalos virtuales?

17. ¿Qué es el **Amazon Associates Program** y cómo funciona?

18. ¿Cómo puedes monetizar tu canal de YouTube a través de anuncios?

19. ¿Qué son los **patrocinios** y cómo puedes contactar marcas para colaborar?

20. ¿Cómo puedes vender productos directamente desde tu perfil de Instagram?

## Sección 5: Estrategias de Marketing Pagas

21. ¿Qué tipos de anuncios puedes crear en **TikTok Ads**?

22. ¿Cómo puedes segmentar tu audiencia en una campaña publicitaria de Instagram?

23. ¿Qué es el **Amazon Advertising** y cómo puede ayudarte a vender más libros?

24. ¿Cómo puedes usar **YouTube Ads** para promocionar tus videos?

25. ¿Qué métricas debes monitorear en una campaña publicitaria pagada?

## Sección 6: Analítica y Optimización

26. ¿Qué herramientas de analítica ofrece TikTok para medir el rendimiento de tus videos?

27. ¿Cómo puedes usar **TikTok Analytics** para identificar tu audiencia objetivo?

28. ¿Qué métricas clave debes revisar en **YouTube Analytics**?

29. ¿Cómo puedes ajustar tu estrategia de contenido basándote en los datos de analítica?

30. ¿Qué estrategias a largo plazo recomienda el autor para mantener el crecimiento y la monetización?

## ACERCA DEL AUTOR

James O. Blackwhell es un experto en marketing digital y monetización en redes sociales, con más de una década de experiencia ayudando a miles de emprendedores, creadores de contenido y autores a generar ingresos en línea. Especializado en las plataformas más poderosas del mundo digital—Amazon, YouTube, Instagram y TikTok—, James ha desarrollado estrategias comprobadas que combinan creatividad, análisis de datos y técnicas innovadoras para maximizar el alcance y las ganancias.

Con un enfoque práctico y resultados tangibles, James ha trabajado con marcas globales, influencers y pequeños negocios, logrando transformar sus ideas en fuentes de ingresos sostenibles. Su pasión por enseñar y compartir conocimientos lo ha llevado a crear este libro que engloba el mundo del marketing digital. Libro que está pensado para ser el Manual de cabecera para emprendedores y de consulta permanente para expertos.

En este libro, James O. BlackwHell comparte sus secretos mejor guardados y estrategias más efectivas para que tú también puedas monetizar tus habilidades y alcanzar el éxito en las plataformas más populares. Su misión es empoderarte para que construyas un futuro financiero sólido mientras haces lo que más te apasiona.

El autor del libro retiene los derechos exclusivos respecto de sus aportes a este libro

Quedan rigurosamente prohibidas, sin la autorización escrita de los titulares del Copyright, bajo las sanciones establecidas en las leyes, la reproducción parcial o total de esta obra por cualquier medio o procedimiento, comprendidos la reprografía y el tratamiento informático y la distribución de ejemplares de ella mediante alquiler o préstamo públicos

Copyright 2025, James O. Blackwhell

Made in the USA
Columbia, SC
02 April 2025